シリーズ「遺跡を学ぶ」091

「倭国乱」と高地性集落論

観音寺山遺跡

若林邦彦

新泉社

「倭国乱」と高地性集落論
―観音寺山遺跡―

若林邦彦

【目次】

装　幀　新谷雅宣
本文図版　松澤利絵

第1章　あらわれた大規模弥生ムラ

1　膨大な遺物整理をまかされ

高地性集落として注目されていたが……

「若林ぃ。天石《あまいし》といっしょにカンノンジヤマの整理してみいひんか?」

一九八八年の春、同志社大学校地学術調査会の辰巳和弘氏から声をかけられた。当時、わたしは同志社大学三回生。文化史学専攻生で、同大の森浩一教授を中心に運営されていた考古学実習室に出入りしていた。奈良県田原本町の唐古《からこ》・鍵《かぎ》遺跡という著名な弥生遺跡の調査に参加し、弥生時代をテーマに卒業論文を書く腹をくくりはじめたころだった。

観音寺山遺跡は、大阪府南部の和泉市の丘陵上にある弥生時代の集落遺跡である。一九六八年に森氏ら同志社大学が中心となって発掘調査をおこなったが、簡単な概要報告が刊行されているだけだった。

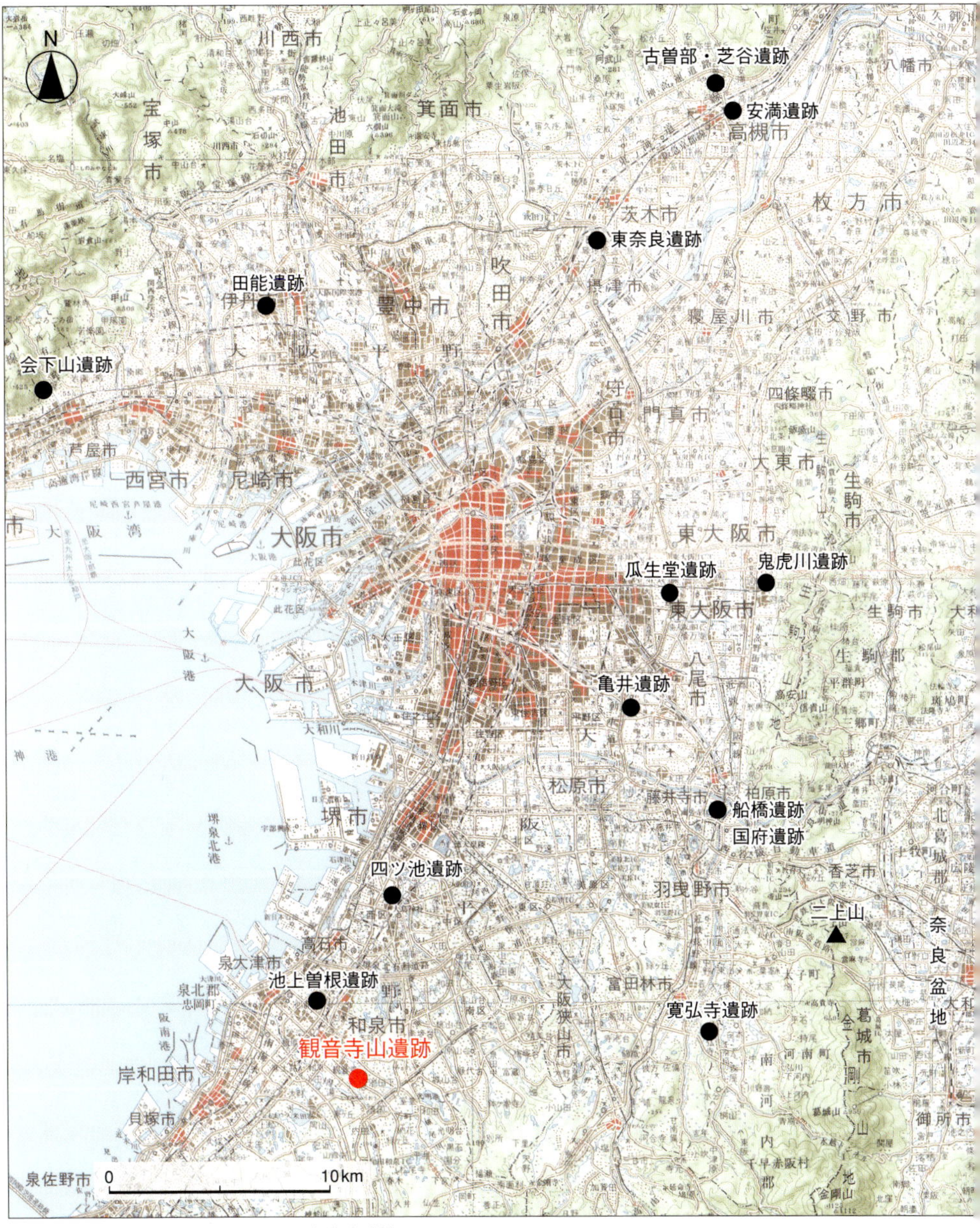

図１●観音寺山遺跡と周辺のおもな弥生遺跡地図
大阪平野には低地部に大規模遺跡が多くみられ、その近くには丘陵上の集落も認められる。観音寺山遺跡はこれらの南西端に位置している。

それでも当時から観音寺山遺跡は、弥生時代研究者の間ではたいへん有名な遺跡であった。それは、丘陵上に位置する「高地性集落」であること、しかも規模がきわめて大きく、発掘調査が広範におこなわれたために集落の全貌がわかる貴重な調査例であるからだった。

高地性集落とは、戦乱にかかわる特殊な集落形態だともいわれ、実際に観音寺山遺跡では竪穴住居群をかこむ壕がみつかるなど、特殊な集落形態が注目された。

にもかかわらず、調査から約二〇年がたとうとしているのに、調査報告書が刊行できていなかった。「有名だが、実態がよくわからない」というのが当時の学界における観音寺山遺跡の評価だった。

同志社大学の考古学研究室でもこの事態を良しとしていたわけでない。弥生時代を研究する学生たちが何度も遺物整理作業に取り組み、一部の遺物の実測図などを作成した。しかし、観音寺山遺跡ではのべ一二〇軒の竪穴住居がみつかり、出土した遺物の量は並大抵ではない。授業や研究の片手間でおこなう学生の作業では、出土した遺物のデータをすべてまとめることは難しかった。なんとかしなければならないという状況下で、当時三回生で弥生時代を研究しはじめていたわたしと同級生の天石夏実氏の二人にやらせてみようということになったのである。

発掘調査から三一年、遺物整理から一一年

調査当時の中心メンバーで学内に残っていたのは、校地学術調査委員会に身をおく辰巳和弘氏だけだった。辰巳氏が遺構についてのデータをまとめ、遺物については、私と天石氏が整理

作業をすることになった。

安請け合いしたものの、二人はすぐに後悔した。出土遺物のなかには分類や実測どころか、まだ二〇年前に出土したままに土まみれのものも多く、土器を水洗する作業からはじめなければならなかったからである。しかし、受けてしまったものはやらねばならない。二人は授業の合間に（たまには気の乗らない授業をさぼって）考古学実習室で土器洗いをし、四回生のころにはある程度の数の土器を抽出して、実測図作成作業に取り組むようになった。

学部卒業後、天石氏は静岡市教育委員会文化財保護課に就職し、弥生時代研究の経験を生かして後に登呂遺跡の整備事業などにもかかわっていく。大学院に進んだわたしは、一人遺物整理を継続し、一九九二年春に博士課程前期を修了するときには、出土土器の実測図作成をほぼ終えるところまではできた。

その後、わたしは大阪府文化財センターに奉職。土日に同志社大学の考古学研究室に行き少しずつ作業を進めた。加えて、石器の整理に菅栄太郎氏と近藤玲氏、鉄器の整理に大道和人氏といった同志社大卒業生が加わった。そして一九九九年、なんとか調査報告書を刊行することができた。学生のときからかかわりはじめて一一年、発掘調査から三一年をへて責務を果たせたのである。

しかし、報告書に掲載できたのは事実報告のみで、遺跡・遺構・遺物の評価に関するさまざまな分析はできていなかった。遺跡の盛衰については、出土土器を検討して若干の考察を重ねたが、そうした断片的な記述では観音寺山遺跡の今日的問題点を十分に論じることはできなかった。そこで本書では、観音寺山遺跡から弥生時代・弥生集落についてどのようなことがいえるのか、とくに高地性集落とは何かについてみていこう。

2 ニュータウン開発で全面発掘

高度成長期の大規模住宅開発で

一九六七年、大阪府和泉市の丘陵地帯に、大規模な住宅開発計画がもちあがった（図2）。住宅開発を計画したのは三井不動産。開発直前の周辺の分布調査で、和泉丘陵から槙尾川《まきおがわ》沿いに南西方向にのびる三つの尾根上に、弥生時代中期〜後期の土器が散布していることが確認された。当時知られていた弥生遺跡のなかでは大規模な部類に属する。

それがほぼいっぺんに破壊されようとする事態に、地元和泉地域をフィールドとする考古学研究者たちは頭を抱えた。遺跡を大規模に破壊する開発そのものに対して批判的な意見を表明する研究者もいた。観音寺山遺跡は、いわば一九六〇年代にはじまる団地ブームやニュータウンといった高度成長期の住宅開発ラッシュの申し子として、発掘調査がはじまったのである。

定まっていなかった埋蔵文化財調査のルール

開発の計画がもち上がった一九六七年は、まだ開発に先立つ埋蔵文化財調査のルールが定まっていない時代だった。現在は、都道府県や市町村などの自治体に文化財担当部署が設置さ

図 2 ● 開発前の観音寺山遺跡の立地する丘陵（上）**と 90 年代の観音寺山**（下）
都市化する前の観音寺山遺跡が丘陵上の山林にあったことがわかる。

れていて、分布調査などによって作成した遺跡地図をもとに、遺跡破壊をともなう開発に対して発掘調査の行政指導をする仕組みができあがっている。また、原則として大規模開発にともなう発掘調査は、開発者が費用を負担することが原則となっている。

しかし、一九六〇年代後半には、遺跡・埋蔵文化財を取り扱うためのそういったルールは確立していなかった。公共事業開発にともなう発掘調査はともかく、民間事業者の開発行為については なおのことであった。それでも三井不動産はなんらかの対応をする必要性を認識していて、当時としては異例のことだったが、費用をすべて負担して遺跡調査をおこなうことを提案してきたのである。民間の開発原因者が全額費用負担する大規模調査のはしりであった。

問題はどの機関が調査をおこなうかである。当時、大阪府南部の遺跡調査をいくつか手がけ、考古学的調査を担える人物・組織は多くなかった。大阪府教育委員会が候補にあがったが、観音寺山遺跡の大規模調査を担当すると、当時増加していた府域全体の開発にともなう遺跡破壊に対応することが難しくなる。そこで、地元出身で大阪南部の遺跡調査に数多くかかわり、古墳時代研究者として活躍していた森浩一氏（当時同志社大学助教授）や鈴木博司氏（当時京都国立博物館技官）らを代表に調査体制をつくることになったのである。そして実際の調査は、同志社大学や関西大学などで考古学を学ぶ学生が中心となった。

開発に急き立てられる過酷な調査

引き受けることになったが、これはたいへんな調査であったようだ。約一三万平方メートルの調査地に試掘調査区を設けて、遺構の広がりを確認してみると、二つの丘陵全面に遺構が分布することが判明した。当時としては異例の集落全面に近い膨大な面積の発掘である。

しかも、宅地造成スケジュールとの関係で、約六カ月という短期間で調査を進めることとなった。正確にいえば、当初の予想をはるかに超える数の竪穴住居などの遺構がみつかったことにより、設定した調査期間はかなり厳しいものとなったのである。

二つの丘陵上には、のべ一〇〇棟を超える竪穴住居がみつかった。これを設定された調査期間で発掘調査するとなると、一日一軒ずつ住居跡を完掘しなければならない。さらに

また大住居跡発見

観音町集落跡　公園化を申し入れ

増改築のはっきりわかる竪穴式住居跡

和泉市観音町、中央丘陵の弥生（やよい）時代の集落跡は森浩一同志社大助教授、鈴木博司京都国立博物館文部技官の指導で発掘調査が進められているが、十一日、直径十㍍を越える大きな竪穴式（たてあなしき）住居跡や柱穴などの遺構が発見された。竪穴式住居跡には住居を増改築したあとがあるなど古代の村づくりを知る資料がつぎつぎに出土しており、この日発掘調査した同市文化財保護委員会（堀田徳治委員長）は同丘陵を宅地造成する三井不動産会社と府教委へ「遺跡公園として集落跡を残してもらいたい」と申し入れた。府教委もこの跡保存について近く対策を協議する。

竪穴式住居跡は集落跡の西側にあって直径十・一㍍。この規模は全国でも青森にあるだけといわれる。またすぐ隣の直径九㍍の竪穴式住居跡からは直径四十㌢の柱穴の遺構が八つ発見されたほか東側の直径八・八㍍の住居跡からは鍛冶場が見つかり、赤く焼けた土とともに鉄片や鉄クズも出た。住居跡のミゾからはツボ、高坏（たかつき）などの土器や同時代に少ない石のヤジリなどがぞくぞく出土し、古代の高地集落の村づくりと日常生活がうきぼりにされてきた。

これら住居跡は三井不動産の宅地造成計画によると二週間後にはブルドーザーでこわされることになっているが、堀田同市文化財保護委員長は「古代を知る貴重な遺跡がこわされるのはまったく惜しい」と発掘調査現場で三井不動産、府教委関係者へ保存を強く要望した。同委員会は市教委とともに近く文書で保存を申し入れるが、堀田委員長らは「宅地造成計画の一部を変更して遺跡公園として残してもらいたい」といっている。集落跡は東西百㍍、南北五十㍍もあり、もし遺跡公園として残すことになれば宅地造成計画を大幅に変更せねばならず、三井不動産としても申し入れを受け入れにくい立場。それだけに遺跡公園としての保存の可能性はむずかしいようだ。

図３●読売新聞 1968 年３月 12 日の記事
開発に直面した遺跡調査の状況と、調査関係者による保存への取り組みを示している。

図 4 ● **公園化された観音寺山遺跡の一部**
遺跡のＮ地区の一部は、いまも公園として保存されている。丸くへこんでいるのは竪穴住居跡。

丘陵を取り巻くように大きな壕があったこともわかってきた。それに住居や溝・壕から多量の土器や石器が出土する。

調査は、試掘調査も含めて一九六八年二月〜八月にかけておこなわれた。遺構・遺物ともに当初の想定をはるかに超える規模だったために、調査は多忙をきわめたが、三井不動産が提供する重機類と作業員、そして学生が膨大な数の遺構・遺物を発掘したのである。結果、当時としては類をみないほどの規模の集落調査が完遂されたのである。

調査の中心となった森浩一氏は、ただ発掘調査を指揮していただけではない。調査団や関西地方の考古学者たちは、何度も進行中の遺跡調査の状況を新聞記者などに伝え、遺跡の重要性について一般市民に訴え、遺跡保護の運動を喚起した（図3）。残念ながら遺跡全体の保存につながらなかったが、遺跡の一部が保存され、復元竪穴住居などを配した公園が住宅地内につくられることになった。この復元竪穴住居はのちに火災などにあい、現在は検出された竪穴住居の凹みがわかるよう公園内に保存されている。（図4）

3　あらわれた大規模な弥生ムラ

大規模な集落遺跡

こうして姿をあらわした観音寺山遺跡は、和泉丘陵から槙尾川沿いに南西方向に伸びる尾根上に広がっていた（図5・6）。E・W地区とよばれる主尾根上にのべ八八軒、N地区とよばれ

図5 ● 観音寺山遺跡全景
丘陵上に多数の円形竪穴住居址がみえる。多数の重機の跡が
開発に直面した調査の苛酷さを示している。

40
50
60
40
50
60
N 地区
60
槙
尾
川
60
E 地区
21 f 北斜面
70
大溝（環濠）
60
大溝（環濠）
フノコ池
S 地区

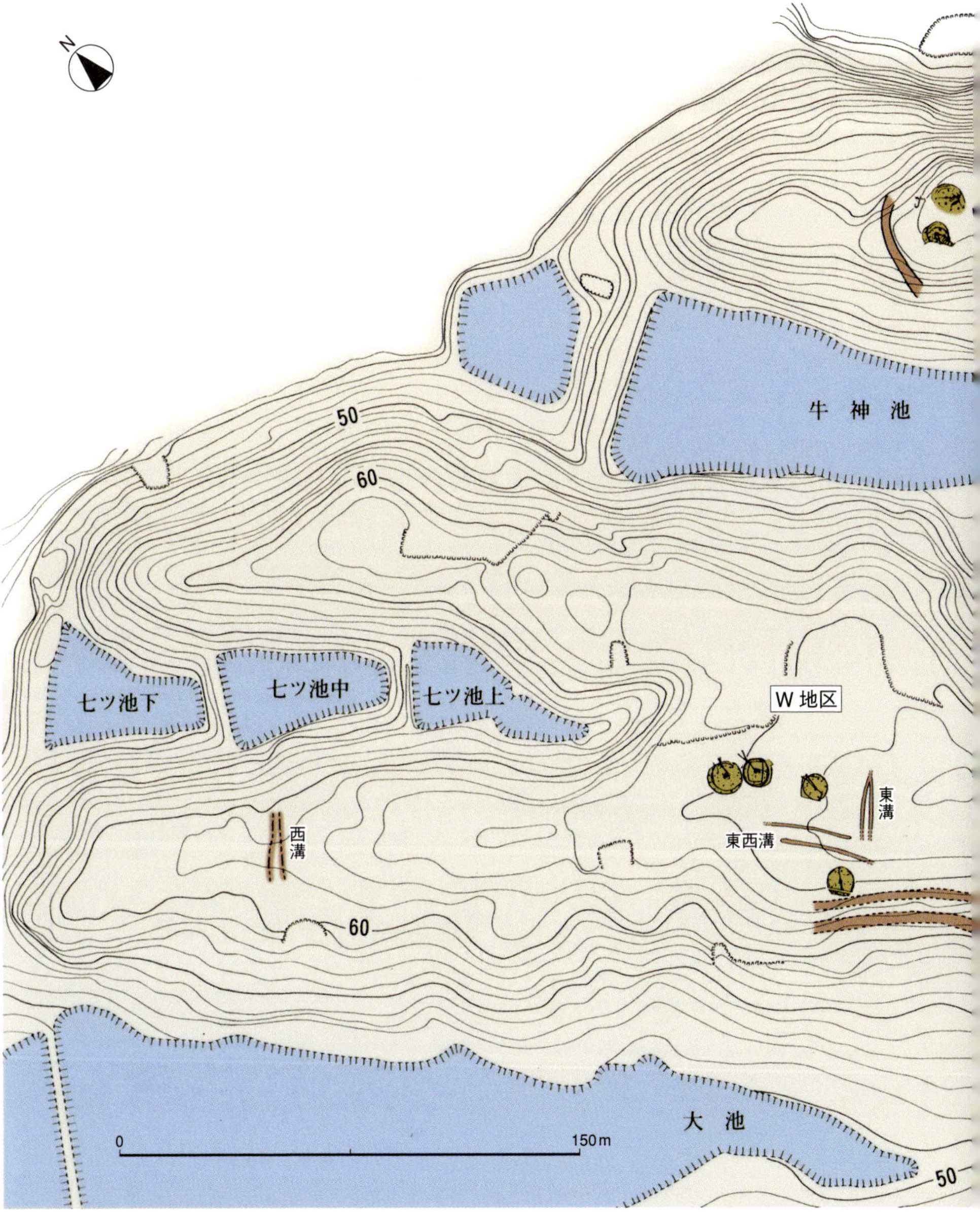

図６●観音寺山遺跡の全体図
南側尾根上のＷ・Ｅ地区に多くの住居址が、Ｎ地区にはやや少数の住居址がみつかった。
さらに大池・フノコ池より南側のＳ地区は土器などが出土したが調査はできなかった。

る支尾根上にのべ二九軒の竪穴住居がみつかった（図7）。そのほかE・N地区内部にはそれぞれ杭列群があり、集落内の共有施設のような遺構群がある。

また、E〜W地区にかけて等高線に沿うように環濠と思しき大溝が一条ないし二条みつかり、N地区の尾根先端にも集落域を限る大溝がみつかっている。

さらに一九六八年刊行の概要報告書によると、遺物の散布状況から、さらに南側の尾根上（S地区）にE・W地区と同規模の集落の存在が想定されたが、調査の手をつけることができなかったという。それゆえ、観音寺山遺跡を全掘された弥生集落とみるのは、厳

図7 ● みつかった竪穴住居
尾根上にならんで住居址がみつかった。

密には正しくない。集落の約三分の二の面積を調査したというのが正確な表現となろう。遺跡の規模に関しては、さらに大きな広がりを想定しておく必要がある。ただし、未発掘地点の詳細な時期などについては、現在は検証できない。たいへん残念である。

丘陵上の弥生集落への注目

このような調査成果は、一九六〇年代当時には、平野部に位置することが多いとイメージされてきた大規模弥生集落が丘陵上に展開する点で注目された。集落立地の特徴や二重環壕を有する構造は、一九七〇年代後半以降、弥生時代の「高地性集落」として、軍事的・防御的性格をもった集落とする見解の根拠の一つとして取り上げられた。

そして、軍事拠点とみなす際には、当遺跡の北西約五キロにある弥生時代中期を中心とする拠点集落の池上曽根《いけがみそね》遺跡との関連で議論されることが多かった。つまり、弥生時代中期末〜後期の社会的緊張状態のなかで、池上曽根遺跡から移動・分散して観音寺山遺跡がつくられたという見解である。

しかし、遺跡調査の詳細なデータが不足した状態での議論であったため、そういった認識の是非については、十分な議論はおこなわれていなかった。

第2章 「倭国乱」とのかかわり

1 高地性集落、軍事施設説

すでに述べたように、観音寺山遺跡は、一九六〇年代の日本考古学界では、「高地性集落」として理解された。

高地性集落とは、水稲農耕を生業の基軸とする弥生時代に、稲作の可能な低湿地を離れて丘陵上に営まれた特殊な集落形態のことである。そして、この立地の特殊性は、弥生時代の戦乱状態と結びつけて論じられてきた。竪穴住居群が壕にかこまれた状態でみつかったことも加えて、観音寺山遺跡は軍事的・防御的集落の一つとして注目されることになったのである。

このような解釈は、どのような経緯でできあがってきたのであろうか。高地性集落論の推移を整理して、観音寺山遺跡が担うことになったイメージの源泉を確認しよう。

高地性集落を軍事施設とみる学説

高地性集落という集落形態は、小野忠熈《おのただひろ》氏が山口県東部の弥生遺跡調査で最初に注目した。とくにその端緒となる着想は、『島田川』（一九五三年刊行）という調査研究報告で述べられている。

小野氏は、山口県岩国市周東町に源を発し、周南市熊毛地区を抜け、光市で瀬戸内海に流れ込む島田川の中流域、周南市熊毛地区でみつかった弥生時代の集落遺跡のうち、岡山遺跡や天王《てんのう》遺跡といった丘陵上の弥生集落に、壕状施設でかこまれた竪穴住居群があることに注目した。当初、小野氏は、これらの壕状施設を、集落を防御するための施設と考えたのである。

壕状施設のみつかった岡山遺跡や天王遺跡の竪穴住居の主要時期は、出土土器の型式から、弥生時代中期中葉であった。弥生時代中期中葉の暦年代は、現在の研究レベルからみるとあまり確実な根拠にもとづいているとはいえないが、当時の年代観では、二世紀後半に相当すると考えられていた。

弥生時代が暦年代上のいつの時期にあたるかについての厳密な議論は、一九五〇年代以前にはあまり積極的にはおこなわれていなかったが、漢代の青銅器とくに青銅鏡が北部九州の甕棺墓から副葬品として出土することが知られており、大まかには、弥生時代は漢代、つまり紀元前二世紀〜紀元後三世紀前半に相当するだろうと考えられていた。

たとえば、戦前に弥生時代研究を大きく前進させた森本六爾《もりもとろくじ》氏は、漢王朝の周縁にある文化形態ととらえて、弥生時代の遺跡を青銅器時代として『日本青銅器時代遺跡地名表』（一九三三）に大きく取り上げている。さらに梅原末治《うめはらすえじ》氏は、北部九州の弥生時代中期中葉の須玖《すぐ》式土器に後漢末の青銅鏡と考えられていた夔鳳《きほう》鏡が共伴すると主張し、この時期を二世紀後半と類推する論考を『日本考古学論攷』（一九四〇）上に発表していた。

これらの説を根拠として小野氏は、岡山遺跡・天王遺跡の壕状施設の年代を二世紀後半と考えたのである。

『後漢書』『三国志』に書かれた「倭国乱」

二世紀後半の日本列島の状況に関しては、中国の史書である『後漢書』と『三国志』に記述があることがよく知られている。

『後漢書』東夷伝倭人条には、「桓霊間倭国大乱更相攻伐歴年」（桓霊の間、倭国大いに乱れる。更に相攻伐《あいこうばつ》すること歴年）とある。「桓霊の間」とは、後漢の桓帝と霊帝という二代の皇帝の時代で、西暦一四〇〜一八〇年代に相当する。つまり二世紀代である。また、『三国志』魏志東夷伝倭人条には、邪馬台国女王である卑弥呼の共立の直前に「倭国乱相攻伐歴年」（倭国乱れ、相攻伐すること歴年）との記述がある。

この二つの文献は共通の出典をもつか、あるいは前者は後者をもとにして書かれたと考えられるため記述がよく似ているが、いずれにしても、二世紀後半の日本列島では軍事的な動きを含んだ政治的動乱が一定期間あったことが記されている。つまり、岡山遺跡・天王遺跡といった、島田川流域の高地に位置する防御施設をともなう弥生集落を、「後漢書の倭伝や魏志の倭人伝に伝えられる如き動乱」（『島田川』）の所産であると考えたのである。

ただし小野氏は、高地に立地する弥生集落すべてを軍事施設と考えたわけではない。小野氏は『島田川』のなかで、遺跡の立地から、高所にある弥生集落をさまざまに分類している。また後年、『高地性集落の研究』（一九七九）のなかでは「高山性集落」「高原性集落」「高地性集落」の三種に分類し、「高地性集落」に関しては、「山地性集落」と「高位台地性集落」に分類した。小野氏は、このなかの「高位台地性集落」に軍事施設としての機能をもつものがあることを想定しつつも、倭国乱と関係ない弥生時代中期前半以前にもこういった集落が存在することを認め、弥生時代中期後半から防御的機能をもった集落が出現すると考えていたようである。

この着想が以後の高地性集落論を大きく規定することになる。

図8●紫雲出山遺跡の遠景
中央の丘陵の山頂付近が遺跡。北に瀬戸内海をのぞむ。

戦争がはじまった時代という認識

高地性集落と軍事的争乱を結びつけるアイデアが広く浸透するには、もう一つの学説が大きな役割を果たした。佐原眞氏の研究である。

佐原氏は、香川県の瀬戸内海に直面した丘陵上に立地する紫雲出山《しうでやま》遺跡（図8）の発掘調査報告書で重要な分析をおこなっている。

紫雲出山遺跡からは弥生時代中期の打製石鏃《だせいせきぞく》が多数出土したが、縄文時代以来用いられてきた打製石鏃は重さ二グラム以内のものが基本であるのに、それらは三〜四グラムと重いものが多数を占めていた。つまり、弥生時代中期の瀬戸内地方から近畿地方にかけての石鏃は、極端に大型化・重量化するという指摘である（図9）。

そして佐原氏は、縄文時代以来の狩猟用の石鏃であれば弥生時代に重くする必要はなく、この変化は戦乱に対応する武器として石鏃が多数つくられた結果だという考えを示したのである。

こういった重量石鏃の増加と高地性集落の増加が関連づけられ、弥生時代後半期に軍事的機能をもったムラとして高地性集落が多く営まれたという考え方が流布した。また、一九六九年には、佐原氏は河出書房から出版された『日本の考古学　三　弥生時代』で、弥生時代の暦年代を整理し、中期後半を二世紀後半と考えた年代観を提示した。「倭国乱」と重量石鏃・高地性集落がかかわりあうという主張である。

この佐原説は、たんに高地性集落の分析だけでなく、石器の重量分析や独自の暦年代観、あるいは畿内地方を中心とした弥生時代後半期の政治的統合といった複合的な弥生社会像の提示と結びついていたため強力に浸透した。またその総合的弥生社会観が提示された『日本の考古学　三　弥生時代』での記述全体が、以後一〇〜二〇年間弥生時代研究のバイブルとして重視されたことが、高地性集落の機能について強いイメージを植えつけることにつながったと考えられる。

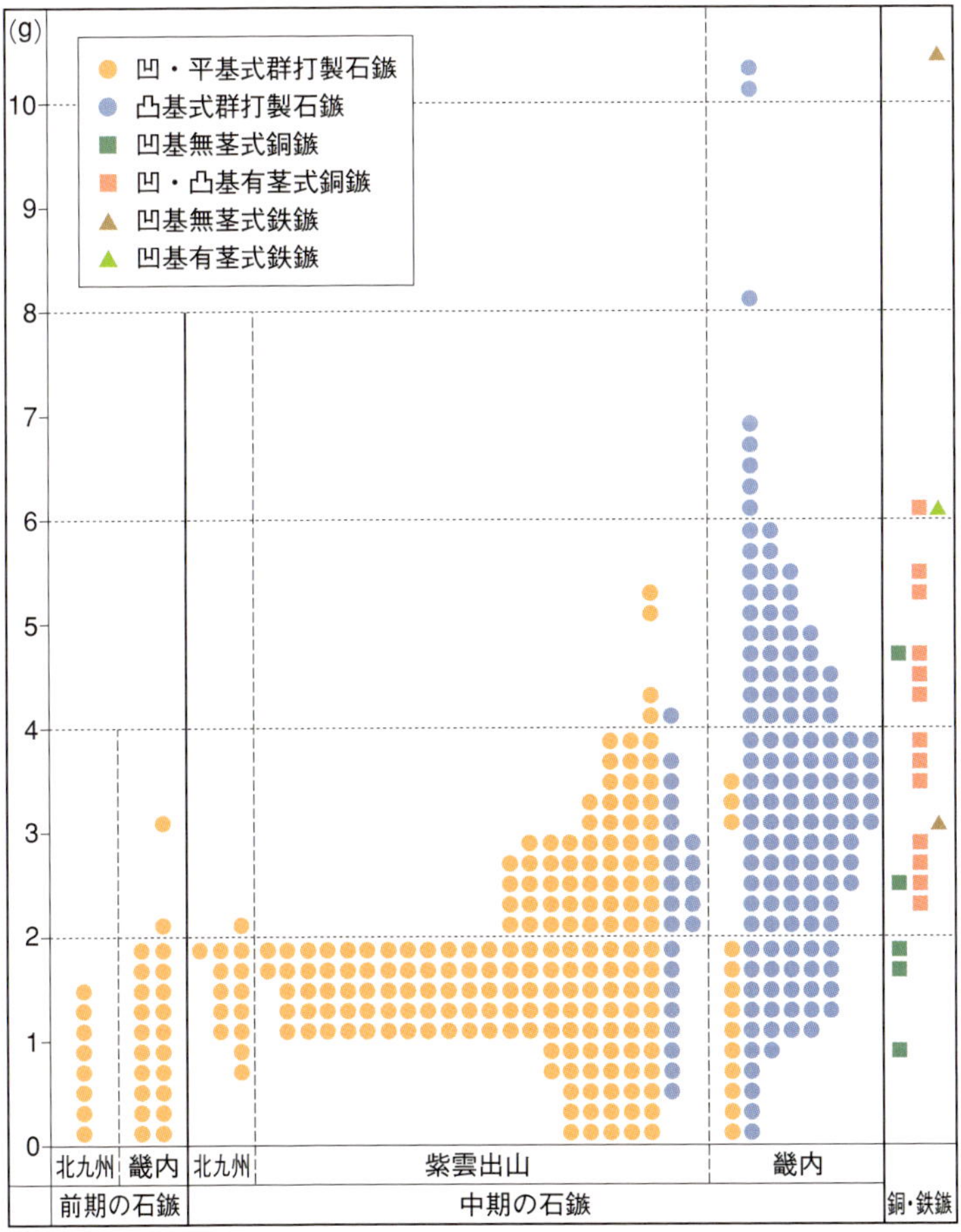

図9 ● 佐原眞氏による石鏃の分析
弥生中期の瀬戸内〜近畿の石鏃が著しく重量化しているのがわかる。

2　多様化する高地性集落論

軍事的機能をもった集落とそうでない集落

もちろん、小野氏も指摘したように、高所にある遺跡のすべてが軍事的機能をもった集落であるという議論が進行したわけではない。高所の弥生集落を細分して、より特殊な集落形態がどのようなものかを論じる提言を複数の研究者がおこなった。

たとえば都出比呂志《つでひろし》氏は、高地性集落を丘陵地域の急峻な尾根上に竪穴住居をおくA類と、比高の少ない丘陵上集落であるB類に細分し、前者が軍事的機能や社会的緊張状態に呼応して形成された集落の可能性が高いとした（**表1**）。同時に、古代律令の軍防令に記された「烽燧《ほうほう》」（狼煙《のろし》台）の配置と、弥生時代後期における近畿地方中部の高地性集落の分布が類似していることをあげて、高地性集落が通信機能をもつ可能性を指摘した。これは高地性集落が小地域における戦乱状態にもとづいて成立したとするだけでなく、広域の政治的・社会的ネットワークのなかで成立した点を重視する主張といえよう。

また寺沢薫氏は、平野との比高が四〇メートル以上の第一類型と、それ以下の丘陵・台地上に位置する第二類型に高地性集落を細分した。石野博

	特殊な集落類型	一般集落と共通
都出比呂志 1974	A タイプ 急峻な尾根筋立地	B タイプ 標高 60 m 前後・比高 30m 前後
寺沢　薫 1978	第 1 類型 高い軍事性	第 2 類型 比高 40 m 以下で一般生産活動
石野博信 1979	山稜性 稜線立地	丘陵性 急峻ではないが特殊性もある

表 1 ●高地性集落の分類（1970 ～ 80 年代）

信氏も類似した基準を用いて、「山稜性」「丘陵性」の二類型を設定して議論を進めた。いずれの議論も急峻な尾根上立地の集落をより軍事性の高いものと評価していることは、都出氏と共通している。

このような「典型的」高地性集落への注目は、兵庫県会《え》下山《げのやま》遺跡（図10）・大阪府大師《だいし》山《やま》遺跡・奈良県六条山《ろくじょうやま》遺跡などの痩せ尾根上に点々と竪穴住居が形成される遺跡調査例の増加をもとに論じられた。

遺跡規模による分類

こういった高地性集落の細分を遺跡規模との関連で論じ

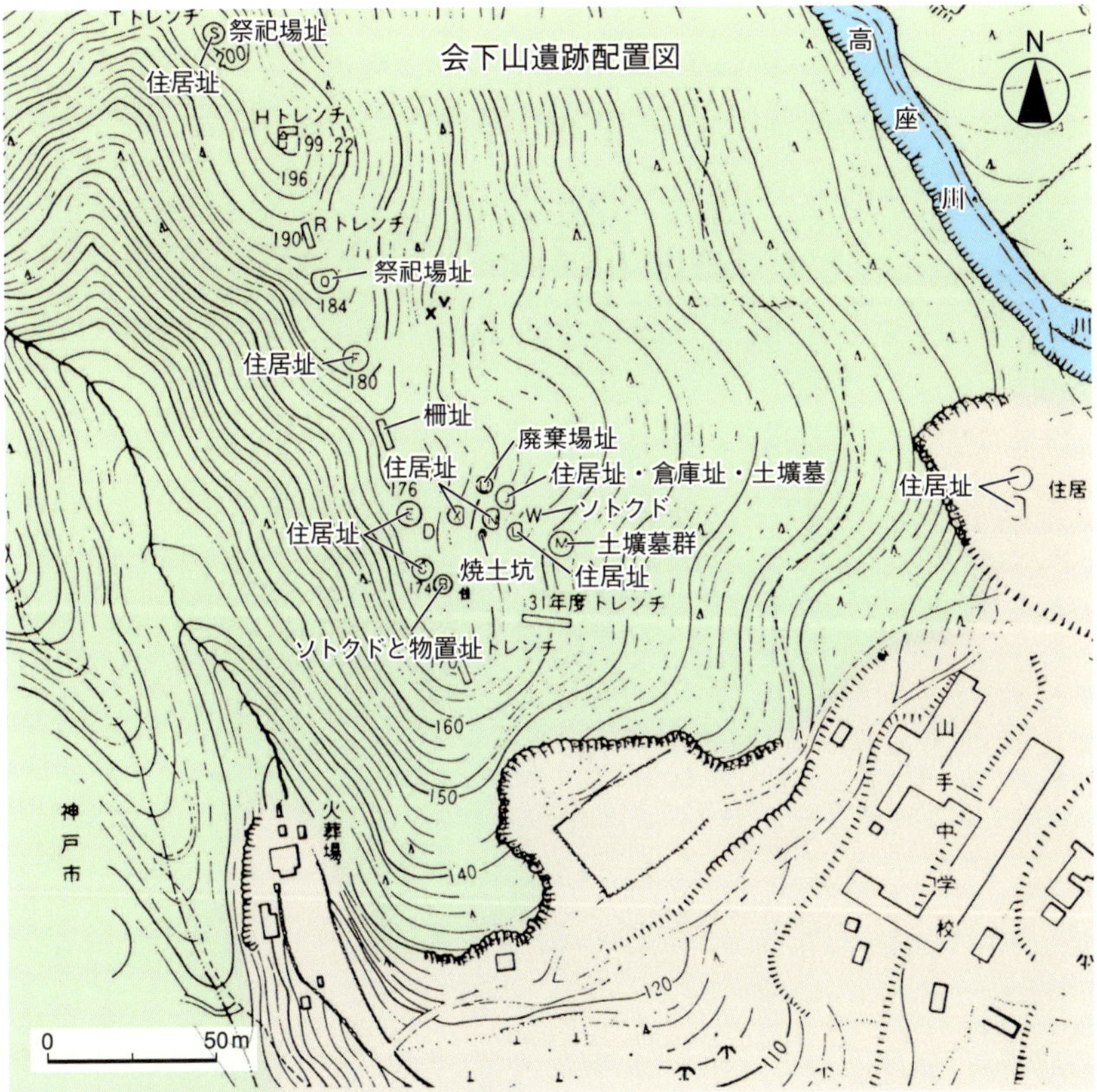

図10 ● 典型的高地性集落とされた会下山遺跡
1970年代の会下山遺跡。やせ尾根に住居址が点々とならぶ。近年ではこの周囲にも調査がおよび、遺跡の範囲はさらに大きかったと考えられている。

たのが、森岡秀人氏である。森岡氏は、集落を構成する住居数を基準として、一～二棟のものをA型、三～四棟のものをB型、六～七棟のものをC型、二〇棟を超えるものをD型とよんだ。これは、たんに立地の差だけでなく、集団構造のちがいに着目した考察であり、一九七〇年代の立地論とは一線を画し、高地性集落を構成する社会集団に目を向けたものといえよう。

「海賊」的集団の拠点？

一九九〇年代になると、瀬戸内地方の高地性集落研究がさかんになり、伊藤実氏は、前近代の瀬戸内航路の要衝地に高地性集落が立地する例が多いことをあげて、航路の監視や場合によっては水運流通への略奪・攻撃の拠点、いわば「海賊」的集団の拠点といった要素を指摘した（図11）。これは

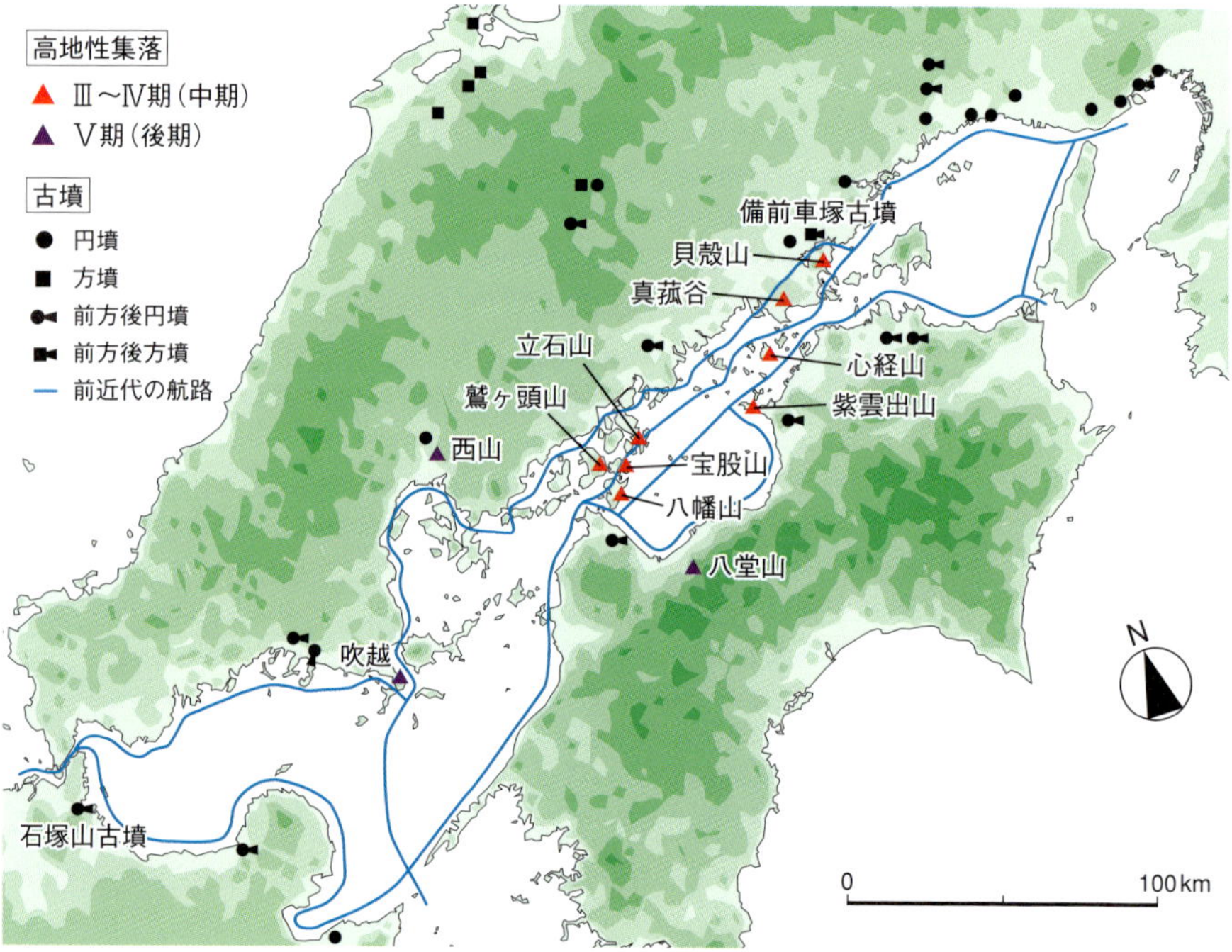

図11 ● 瀬戸内地域の高地性集落と航路
上図とともに伊藤実氏は、瀬戸内航路の要所に高地性集落があったことを示した。

戦乱論から一歩離れて、恒常的な弥生地域社会システムのなかで高地性集落の役割を説明しようという試みといえる。

　また近年、柴田昌児氏は、瀬戸内地方では丘陵中腹付近に位置する「山住みの集落」の一部が、航路監視や広域通信網の役割を果たすことから、典型的な高地性集落が出現すると指摘した（図12）。これも、弥生時代の地域社会の仕組みのなかで特殊な立地の集落形態を考察しようとするものである。

二時期の争乱と高地性集落

また、こうした研究の過程で、高地性集落が増加する時期が地域によってばらつきがあることや、そこに弥生社会の地域性を読み取ることができるという議論も盛んにおこなわれた。とくに、弥生時代中期後半には瀬戸内地方で高地性集落が多くみられ、後期になると近畿地方にその比重が移ることを、多くの研究者が指摘した。

　とくに石野博信氏は、高地性集落のあり方から、二世紀における第一段階（当時の認識で弥生時代中期）、三世紀における第二段階（同、弥生時代後期）、四世紀における第三段階（同、

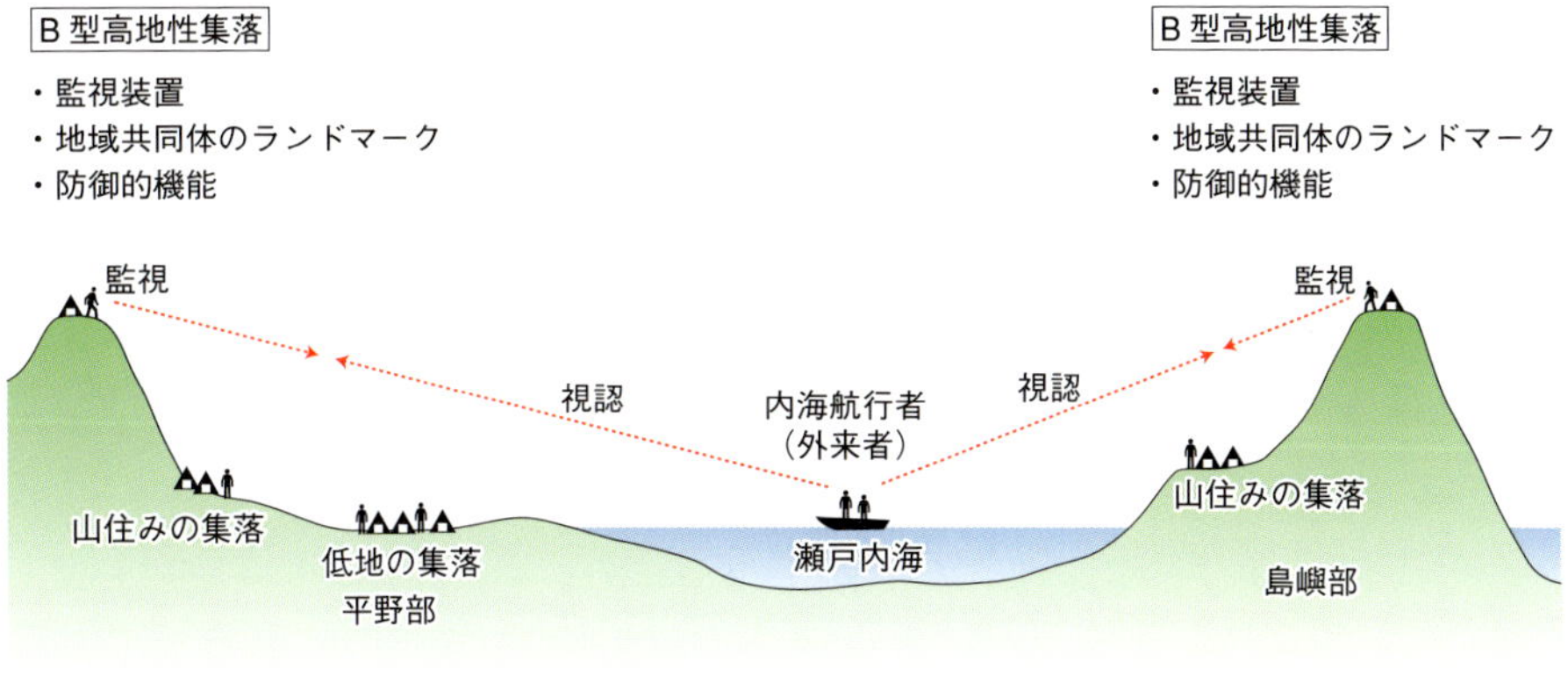

図12 ● 柴田昌児氏による高地性集落の模式図
この考えでは、山住み集団の監視機能の一部が山頂に移り、典型的高地性集落ができたとされる。これも内海航路との関係が強調されている。

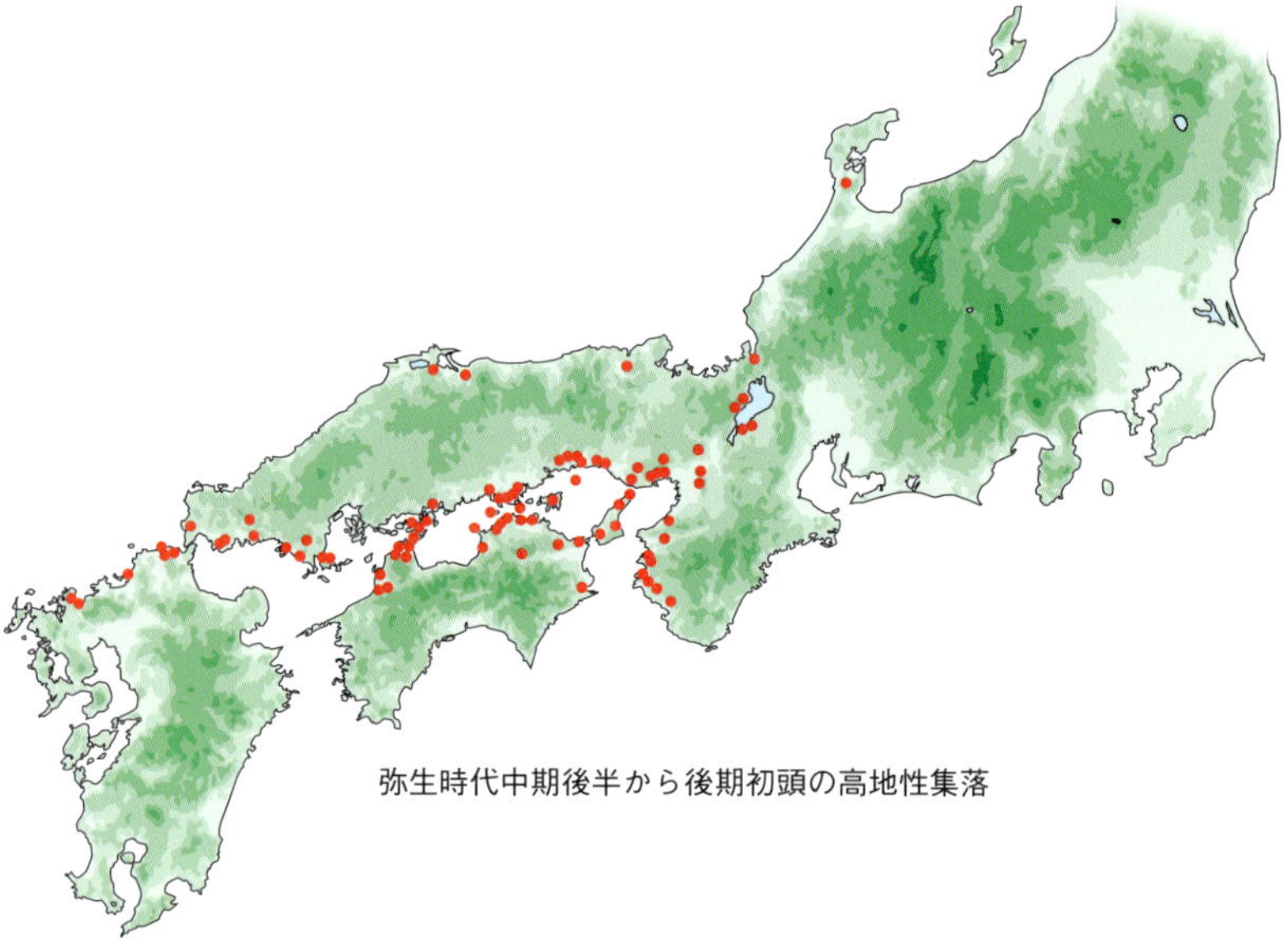

弥生時代中期後半から後期初頭の高地性集落

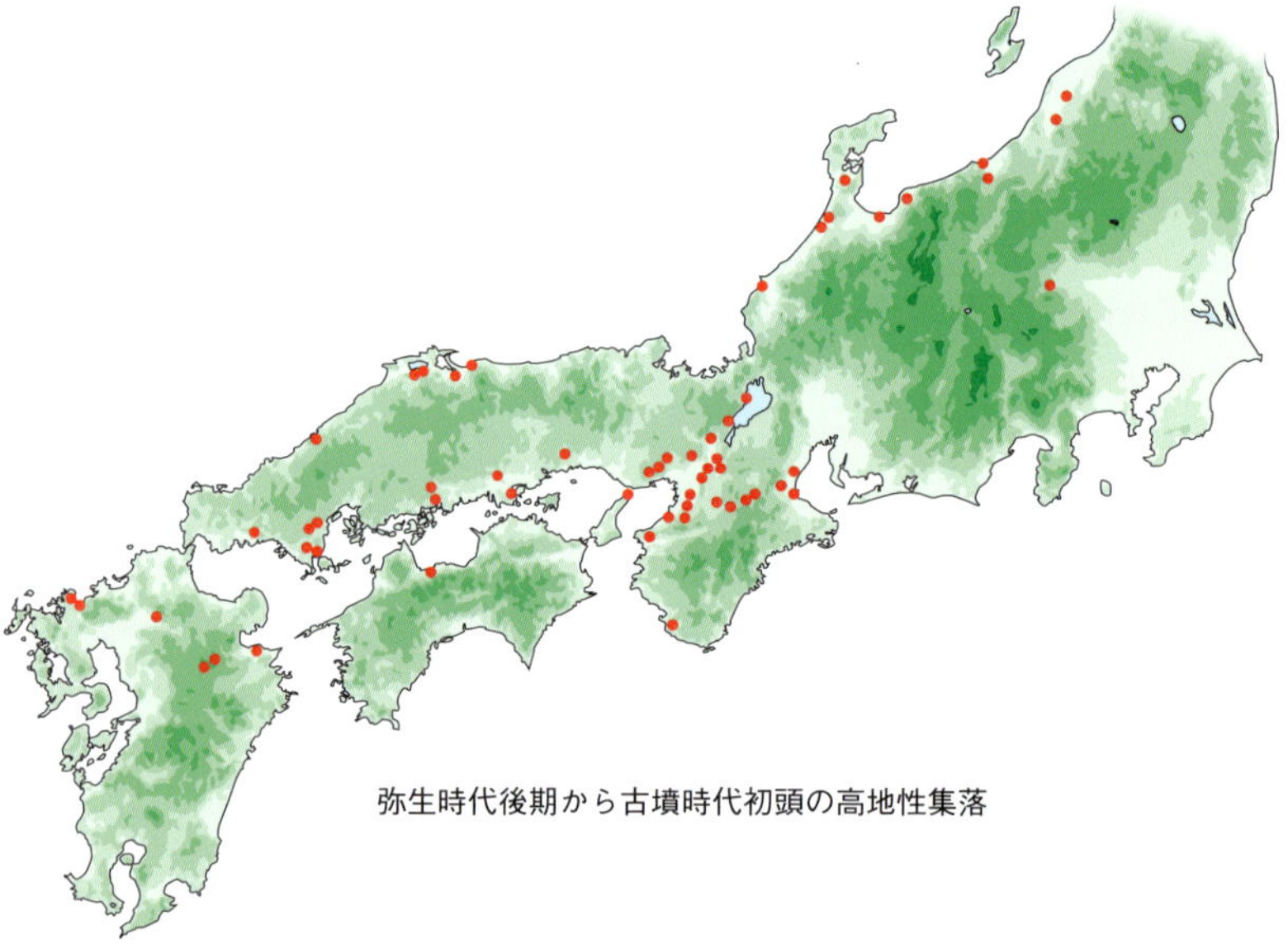

弥生時代後期から古墳時代初頭の高地性集落

図 13 ● **高地性集落の分布の変化**
弥生中期と後期では、高地性集落の分布は異なる。
後者はより広く分布している。

古墳時代前期）の三段階の争乱の存在を想定した。また、弥生時代の戦乱を二時期に分ける考え方は、弥生時代中期後半を紀元前一世紀～紀元後一世紀半ばに、弥生時代後期を一世紀半ば～二世紀末と考える、現在では一般的となった考え方を採用する寺沢薫氏や柴田昌児氏の著作に明確に示されている（図13）。

こういった議論が明確になる前のことではあるが、一九六〇年代末の調査終了時にも、観音寺山遺跡の高地性集落を弥生時代の二時期の争乱と対応させるというアイデアのもとで議論されたことがあったようだ。調査団長であった森浩一氏は、発掘調査概報のなかで、三世紀の大乱と結びつけて観音寺山遺跡を取り上げている。石野氏の論考が発表される前に、活字化されないものの、『後漢書』『三国志』の二世紀後半の「乱」の記述だけでは、高地性集落の分布がとらえられないことは周知の事実のなっていたものと思われる。

二時期の争乱というモチーフは、二世紀を弥生時代中期後半、三世紀を弥生時代後期ととらえる一九七〇年代までの年代観のなかで、後者の高地性集落を『三国志』に描写された卑弥呼の死直後から台与の擁立の間に起こった政治的動揺にあてはめるアイデアに結びついていった。

3　変わる弥生時代の暦年代

暦年代観の変化

しかし、発掘調査直後と現在では、観音寺山遺跡を理解する環境は大きく変わってきた。とりわけ、弥生時代後半期の暦年代観が一九八〇年代以後、大きく変わったのである。

一九八〇年代になると、森岡秀人氏が近畿地方の弥生時代後期の初頭が一世紀後半に対応すると主張した。また豊岡卓之氏も、西日本の弥生時代後期の土器諸様式の並行関係の整理と中国製銅鏡の年代研究から、一世紀の半ばに弥生時代後期土器様式が成立したと論じた。

一九九〇年代における池上曽根遺跡の発掘調査でも、出土した弥生時代中期後半の大型建物柱根の年輪年代は紀元前一世紀代半ばであることがわかり、現在では、弥生時代中期後半の主たる時期を紀元前一世紀代に、弥生時代中期から後期への交替を一世紀前半とみる考え方が一般的となっている。

高地性集落は二世紀後半ばかりでない

これにより、高地性集落に認められる二時期の争乱の意味はまったく変わってくる。弥生時代中期の高地性集落は中国史書の記載とは関係ないものであり、後期の高

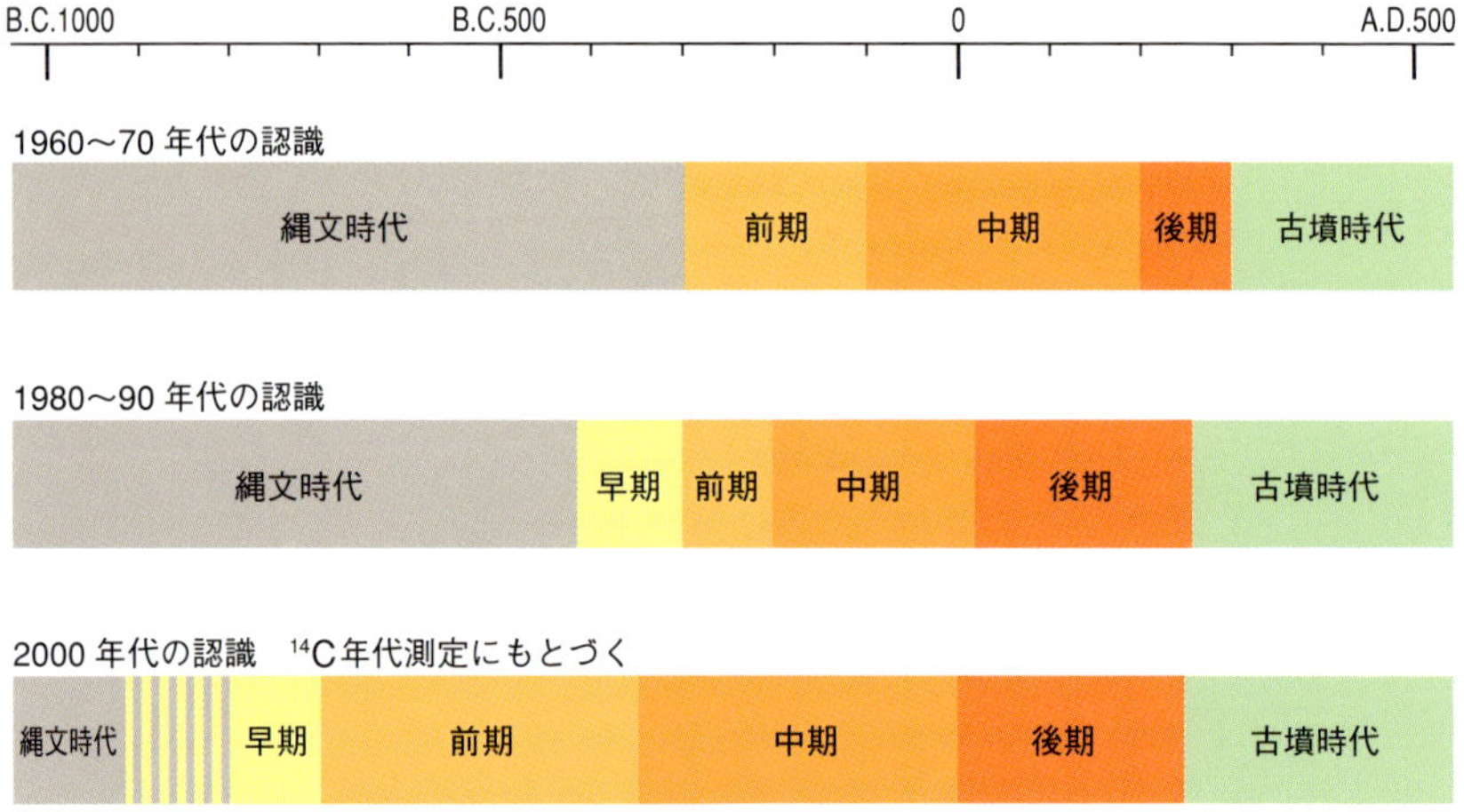

図 14 ● **弥生時代の暦年代観の変化**
出土遺物の検討にくわえ、年輪年代法や放射性炭素年代研究の進展により、弥生時代の年代観は少しずつさかのぼり、長いものになってきた。

地性集落の一部だけが二世紀後半の戦乱とかかわる可能性があることになる。

しかし、後期の高地性集落も『後漢書』『三国志』の戦乱とは簡単に結びつかないことがわかってきた。それは、暦年代研究の進行と同時に、弥生時代の土器編年の細分がすすんだことによる。一九七〇年代末以後、寺沢薫・森岡秀人・豊岡卓之氏による弥生時代後期土器の細分編年がなされた結果、弥生時代後期の高地性集落とよばれる遺跡にも弥生時代後期前半期のものが多く含まれることがわかってきた。つまり、二世紀後半に想定された戦乱に、すべての弥生時代後期の高地性集落をあてはめることができなくなってきたのである（図14）。

小野氏の最初の着想のころより、高地性集落が軍事施設だけではないことは指摘されてきた。また、多くの研究者がすべての高地性集落を軍事施設ととらえているわけではないことは明確である。しかし、軍事性が高いとされた高地性集落も、中国史書に書かれた動乱とは直接結びつけることはできなくなってしまった。

では、いったい「何を」根拠に「軍事性」「争乱」を論じているのだろうか。このことがあいまいでは、何のために「高地性集落」という名称があるのか、何をその集落類型に仮託して歴史を論じるのか、は不毛な議論となろう。

第3章　山住みムラの実態

1　遺物からみたムラの実態

武器と思われる石器

観音寺山遺跡の出土遺物にはどのような特徴があるだろうか。一〇〇棟を超える竪穴住居から出土した多数の土器片からは集落の営まれた時代がわかるが、それとともに注目されるのは石器である。

とくに目を引く石器類は、サヌカイト製の打製石器である。一般に近畿地方では、弥生時代後期に打製石器はなくなり鉄器に置き換わっていくといわれているが、観音寺山遺跡ではサヌカイト製の打製石器が約三二〇点も出土している。

それらは、石槍とよばれる中型尖頭器《せんとうき》や石鏃、石錐《せきすい》などで、それらを製作した際に出たサヌカイト剝片も多数出土している（図15）。弥生時代後期には一般に石器製作が消滅していくが、観音寺山遺跡ではまださかんに打製石器を製作していたのである。

なかでも注目されるのは、中型尖頭器と石鏃である。これらは打製石器中の大半を占め、しかも重量三グラムを超える超重量級のものが大半をしめている。

先述のように、弥生時代中期以後の重量石鏃については、佐原眞氏によって対人殺傷用の武器と解釈されてきた。これが多数出土するということは、当遺跡の性格を考えるうえで重要である。観音寺山ムラがつくられた背景の一つに、戦乱や軍事的緊張が考えられるのである。

しかし、これら石鏃類の出土する遺構を調べると、後期前葉の竪穴住居が多数を占めている。つまり、集落成立の初期のころだけ、中型尖頭器・石鏃などの武器類を必要とする状況があったと考えられる。

図15 ●出土したサヌカイト製の石鏃・尖頭器
大型の石鏃と尖頭器の比率がきわめて高い。

また、投弾《とうだん》とよばれる円礫を研磨して仕上げた石器が九三点出土している（図16）。投弾とは、相手を攻撃するための飛礫として利用されたものといわれる。なるほどゴルフボールより少し大きいくらいのサイズで投げやすい。研究史上では、この石器も武器として使用された可能性があると指摘されており、石鏃・中型尖頭器などに加え、戦闘用の石器として注目される。

食料生産・加工に使われた石器

それ以外にも、観音寺山遺跡では礫石器の多さが注目される。一部に打撃痕の残る敲石《たたきいし》や、全体をていねいに研磨した磨石《すりいし》と考えられる拳大の礫がじつに九四点も出土している。このなかの一部は、植物果の粉砕用の磨石以外に、球形に近い形態から、武器としての投弾と考えられるものも含ま

図16 ● 出土した投弾と磨石
丘陵の周囲の川原石のなかから、球形にちかいものだけを選んで集落のもちこんでいる。

れる。敲石は打製石器製作に使われた可能性もあるが、堅果類をすりつぶして粉にするのに用いられる場合が多かったと考えられる。

同様の石器組成は同じ大阪平野南部の東山遺跡などでも確認でき、近畿地方の丘陵上の弥生集落には、ドングリなどの堅果類を多く消費する生活形態の集落が多かったことを示している。デンプンなどの炭水化物をとるのに、山の上の森林にかこまれた環境の場合、ドングリを煮てアク抜きして食用にする比率が高かったのであろうか。それとも、平地から少し離れているため、集落の人口に対してコメの収穫量が少なく、堅果類をとることによって栄養を補ったのだろうか。いずれにしても、平地の弥生集落とは食物の割合が異なっていたと考えられる。

図17 ● **出土した石庖丁**
石庖丁とその未成品が出土している。稲作のための道具をつくり、使っていたことがわかる。

なお、一般的な弥生集落でよくみられる石庖丁（図17）が一〇点出土したことから、丘陵上の集落ではあるが、近隣の低湿地で稲を収穫していたことがわかる。石庖丁には製作途上品もみられ、これらの生産も集落内でおこなわれていたらしい。また、木材を伐採・加工するための磨製石斧も九点出土している。

朱の精製用の石器や金属器を研磨した石器

さらに礫石器のなかには、一部に赤色顔料の付着したL字形のもの（図18）もみられる。こういった石器は、朱の精製用に使われたことがわかっている。弥生時代後期以後、西日本各地では、この種の石製品の出土例が増えはじめることが各地で報告されている。朱を用いた彩色や、それを用いた儀礼などが増えてきたと思われる。

ともあれ観音寺山ムラでは、ただ平地の水田で

図18 ● 朱精製用の石杵
水銀朱を精製するときに用いられたと考えられる。儀礼用の顔料をつくっていたのだろう。

稲作などをしているだけではなく、こういった手工業生産をおこなっていたことがうかがえるのである。また、儀礼に関係する顔料の生産をおこなっていたことは、人びとが集まって儀礼・マツリなどをおこなう地域の中核としての集落だったといえよう。

また、砥石類も五三点出土している。

出土遺物のなかには刀子《とうす》・鉄鏃・鉄斧をはじめとする鉄器類（図19）が二〇点程度出土しており、金属器の研磨などにも用いられた可能性が高い。つまり、鉄器を用いる一方で、集落成立当初には多数の石鏃を準備するムラだったといえよう。

軍事的な機能をもちながら普通の集落でもある

以上のように、出土した石器をみると、武器類の比率が高いことは注目されるが、石庖丁や調理用の礫石器など他の弥生集落にもみられる通常の

図19 ● 出土した鉄製品
弥生後期には鉄器化が進んでいく。遺跡からは刀子や針、それに武器としての鉄鏃が出土している。

図 20 ● **出土した土器**
弥生後期の特徴をもつものばかりが出土している。

生業にともなう器種が一定程度の数量があることも重要である。観音寺山遺跡は軍事的な機能だけでなく、生産・生活をおこなう一般的な集落だったのである。

そのことはまた、観音寺山遺跡から出土した土器（図20）からもわかる。

観音寺山遺跡からは、タコ壺（図21）がいくつも出土している。それは高さ約三〇センチ程度の砲弾型をした簡素な土器で、大阪湾南岸部と播磨灘沿岸部からだけ出土する形態の土器である。この分布は近現代の東部瀬戸内地域でタコ壺漁をおこなう地域とそのまま一致する。この地域の漁労活動の一端を示す資料といえよう。

観音寺山ムラはその立地から漁労の拠点だったとは考えられないが、その住人は沿岸部でおこなわれる漁労にもかかわっていた。すなわち、彼らの行動範囲は丘陵部のみにとどまるのではなく、広く大阪湾南岸部にもおよんでいた。山の上に住

図21 ● タコ壺
大阪湾南岸部の遺跡によくみられるもの。観音寺山遺跡の住人もタコ壺漁に参加したのだろう。

んではいるが、沿岸部には舟をもち、タコ壺漁などの漁業活動にも参加する人びとだったのであろう。このことからも、通常のムラの機能をきちんと備えた集落だったといえる。

2 どの時期のムラなのか

遺構の時期を知る作業の難しさ

高地性集落は、一九七〇年代には、弥生時代中期から後期のムラの形態として議論されてきた。もちろん観音寺山遺跡もその一つとして考えられてきた。しかし現在では、当時にくらべて、遺構の時期を決めるための土器編年は大きく変化している。とくに近畿地方では、弥生時代後期初頭の土器群の様相は、一九八〇年代以後に良好な基準資料が蓄積されて研究が進み、変遷の詳細がわかってきている。

現在の土器編年の基準に照らし合わせると、観音寺山遺跡はどの時期の集落跡なのだろうか。この問題を整理してみたい。そのためには、遺跡から出土した土器群の時期を再検証しなければならない。

観音寺山遺跡は丘陵上にあるため土の堆積がきわめて薄く、各遺構の先後関係を土層で確認することは難しい。そのため遺構の時期認定は、各遺構から出土した土器の型式学的特徴によるほかはない。住居跡の床面の直上から出土した土器の時期を、その遺構の基準とする。その住居が使われていたとき、もしくは住居が埋まったときの土器が床面上に残っていると考えるからだ。

現在、同志社大学に残されている観音寺山遺跡の出土遺物には、出土した土器群ごとに出土位置や層位を記入したラベルが残されている。それをもとに、各住居から出土した土器、とくに床面に近い位置から出土した土器を抜き出し、その形態から遺構の時期を推定しようとした（図22）。

しかし、先述のように重機によって遺構を検出し、一日一住居址ずつ完掘するというペースで進行することもあった発掘調査の制約から、残されている遺物のラベルの大半は「○○住居」レベルの記載にとどまっていた。その土器が各遺構の底面から出土したのかどうかの情報はなく、正確な層位的データにもとづいて土器を分析することは不可能だった。

そうした条件での出土土器の分析による

図22●土器の出土状況
発掘時の写真からは、遺構のなかにまとまって捨てられたことがわかる土器がある。しかし、住居の床面での検出例は多くない。

遺構変遷の検討は、あくまで各遺構が埋積した時間幅のなかの下限時期を判断できるにすぎず、住居の建て替えに応じた時期差の抽出もできない。正確な遺構の形成時期や、各遺構の共時的配置関係を知ることも難しい。この点が、観音寺山遺跡の遺構変遷を考えるうえで最大の制約であることを確認しておく必要があろう。

そうだとしても、時期ごとの遺構の広がりや大まかな遺構数の変遷を想定するには、遺構が埋没した下限の時期を把握するだけでも有効であり、こうした制約を確認したうえで集落の復元ができると考えた。

基準となる土器の変化

ただ、遺構の時期を決めるのはあくまで出土土器であり、それがどのように変化しているのかについて明確な基準を示しておく必要がある。そこで、大阪平野の中部から南部にかけての弥生土器編年、とくに中期〜後期の区分と後期の土器の変遷を確認しておこう。

大阪平野の中部から南部にかけて、弥生時代中期から後期への変化として重要な点は、櫛描《くしがき》文《もん》をほどこす土器がほとんどなくなることである。弥生時代中期の近畿地方の土器は、壺・鉢などのなかに、植物繊維を束ねた櫛状の工具で器面に直線や波状の文様をほどこすものが多く、大阪平野の北・中・南部や奈良盆地・京都盆地・六甲南麓などといった地域ごとに文様の種類にちがいがみられる。

しかし、弥生時代後期になると、こういった文様がほとんどなくなり、近畿地方中部のなか

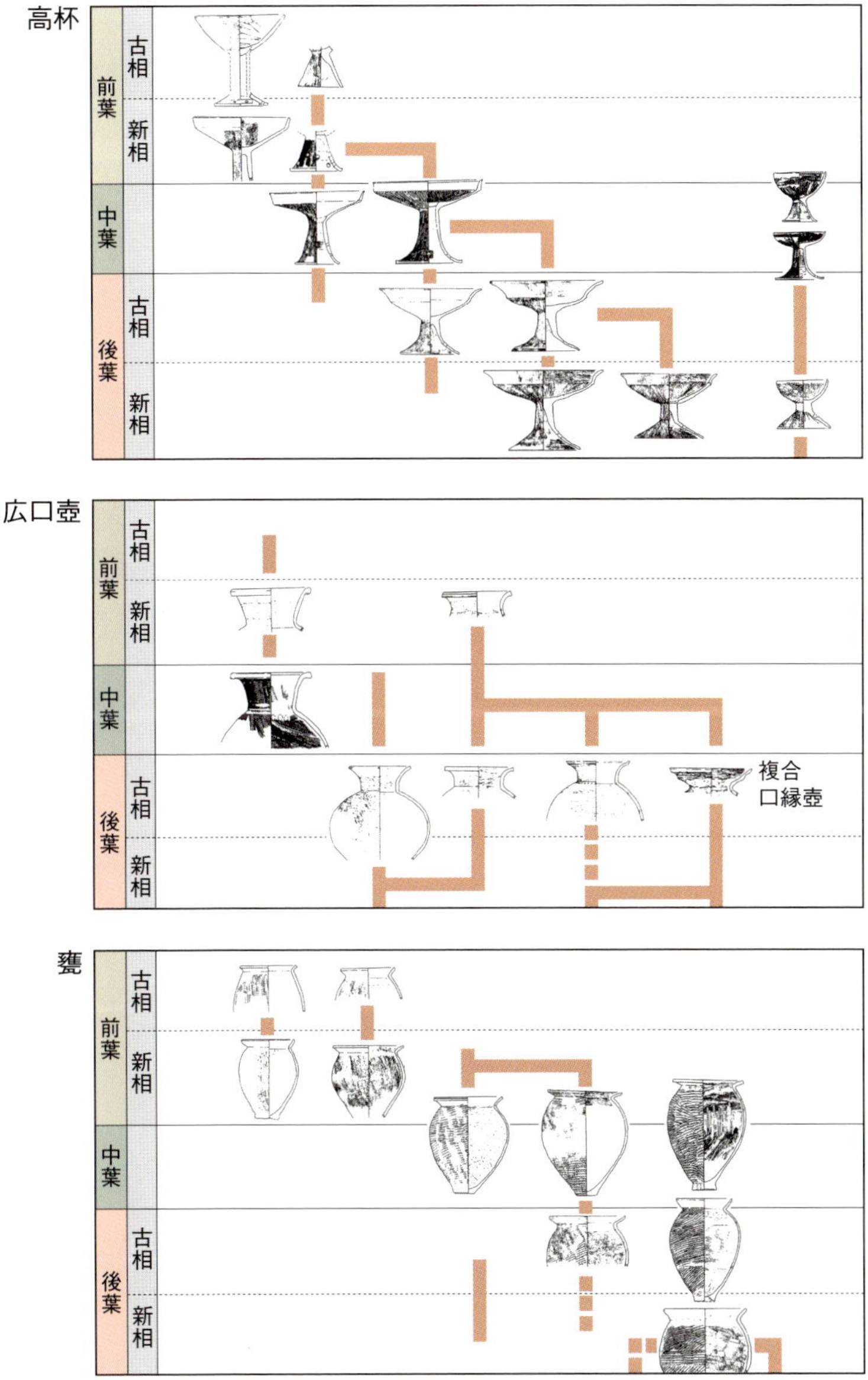

図 23 ● 弥生後期土器の変化（亀井遺跡周辺から）
高杯は脚部が大きくなるように、広口壺は頸部が短く広がるように、甕は外面にタタキメがみられるようにと、徐々に変化する。この特徴から土器が出土する遺構の時期を読みとっていく。

で細かな土器の地域性はみえなくなり、ほぼ同じように変遷するようになる。

地域性の少ない弥生時代後期の土器の変遷については、大阪平野中部の大遺跡である八尾市亀井遺跡を中心とする地域で、実証的に細かく調べられているので紹介したい（図23）。

弥生時代後期の亀井遺跡では、高杯《たかつき》という脚台をもつ器が細かな時期変化をもっともよくあらわすことが統計的にわかっている。

この時期の高杯には、（A）脚部が柱状あるいは「ハ」形で杯部が小さいもの、（B）脚部が下位から外反して杯部が外側に反る形態、（C）脚部が中位から外反して杯部も大きいものの三種類に分類できる。亀井遺跡では、少しずつ比率を変えながらこの（A）→（B）→（C）と変化していく様子がわかる。

また、同じように広口壺では、口縁部が垂下する形態→肥厚になって端面をつくる形態→二重口縁の発生などといった変化をあげることができる。さらに、甕では、外面にタタキメという痕跡がみられるものが比率を高めていくことが確認されている。

こういった変化を基準として、おおむね弥生時代後期の土器を前葉・中葉・後葉に比較的容易に弁別することができる。

弥生中期ではなく後期のムラ

この基準をもって、観音寺山遺跡をみるとどうなるか。遺構によっては出土土器数がわずかなためにすこし粗い区分になるが、各住居址から出土した土器の時期を示したのが表2である。

住居址No.	E地区			W地区			N地区		
	出土土器の時期とのべ住居数			出土土器の時期とのべ住居数			出土土器の時期とのべ住居数		
	後期前葉	後期中葉	後期後葉	後期前葉	後期中葉	後期後葉	後期前葉	後期中葉	後期後葉
1		4		2	1			3	
2					2	1			
3	1			1					
4		3				1	2		
5		3		2			1	1	1
6		3	3				1		
7		1	2						
8	3							1	1
9	3								
10		2						2	
12							1		
13	1						1		
14		1						4	
15			1				1		
16	1						1		
17	1						2		
18	3							2	
19		2							
20	3	3							
21	2								
23			3						
24	2								
25	4								
26	2								
28	1								
29	2								
30		1							
31		1							
32		1							
34	2								
35	2	1							
36		2							
37			3						
38		1							
39		1							
40	1								
41	3								
44		1	1						
48	1								
53			3						
合計	38	31	16	5	3	2	10	13	2

表2 ● 観音寺山遺跡住居址から出土した土器の時期一覧
出土した土器のちがいから、住居址がそれぞれどの時期に埋まったかを類推した。

明確な出土土器を確認できなかった遺構は削除してある。また、のべ住居数は推定値である。遺構名のつけられた各住居には、実際には複数の壁溝や炉址が確認され、何回かの建て替えがおこなわれたらしい。そこで、壁溝数から想定できる推定のべ住居数を記載した。その際、土器型式上明らかに複数の期間にまたがることがわかり、建て替え回数の多いものについては、出土土器量に応じて推定値を分散させている。ただし、各建て替え住居床面ごとの所属が判別できたわけではなく、あくまで推定値である。

さて、表2から出土土器の実態をみると、現在の土器編年基準では、弥生時代中期に相当する住居は存在しないと考えられる。また、そのほかの溝群でも、弥生時代中期の土器が廃棄されている状況はいっさい確認できなかった。したがって、発掘調査当時は「中期末〜後期」という位置づけであったが、現在の認識では、弥生時代後期のみに機能した集落と判断できる。そして、その存続時期は、弥生時代後期前葉〜後葉にわたる比較的長い期間にわたり、切れ目がないと考えられる。

ただし、表2をみると、弥生時代後期前葉は多く、中葉には減り、後葉にはさらに少なくなっていく状況がうかがわれる。

変化しないムラの編成・配置

この変化を地区別に示したものが図24である。この図で用いた住居数も、上述の推定のべ住居数を用いている。これをみるとE・W・N地区のいずれにおいても、集落形成期である弥生時代後期前葉の住居数がもっとも多く、徐々に減少していく傾向がうかがわれる。とくに、後期中葉から後葉にかけての減少は顕著であり、集落規模は後期後葉とそれ以前で大きく異なっていたと考える必要がある。

また、三つの時期とも、各地区の住居数の比率に変化がないことも注目される。このことは、Ｅ・Ｗ・Ｎの各地区の相対的な人口比が、集落存続期間を通じて大きくは変化しなかったことを示している。言い換えれば、基本的な集落構造や集団編成に大きな変化がなかったことを物語っている。

このことは、各時期の土器が出土する住居の平面配置（図25）にもあらわれている。各地区に後期前葉〜後葉を通じて同様な配置で土器出土住居が分布する状況がみてとれよう。また、最大の居住域で、住居数もつねに多いＥ地区においても、その内部で時期ごとに大きく住居密集域が変化することはない。上記のデータから、集落全体だけでなく、各居住区域内部においても、その存続期間を通じて集落形態・構造に変化がなかったと推定できるのである。

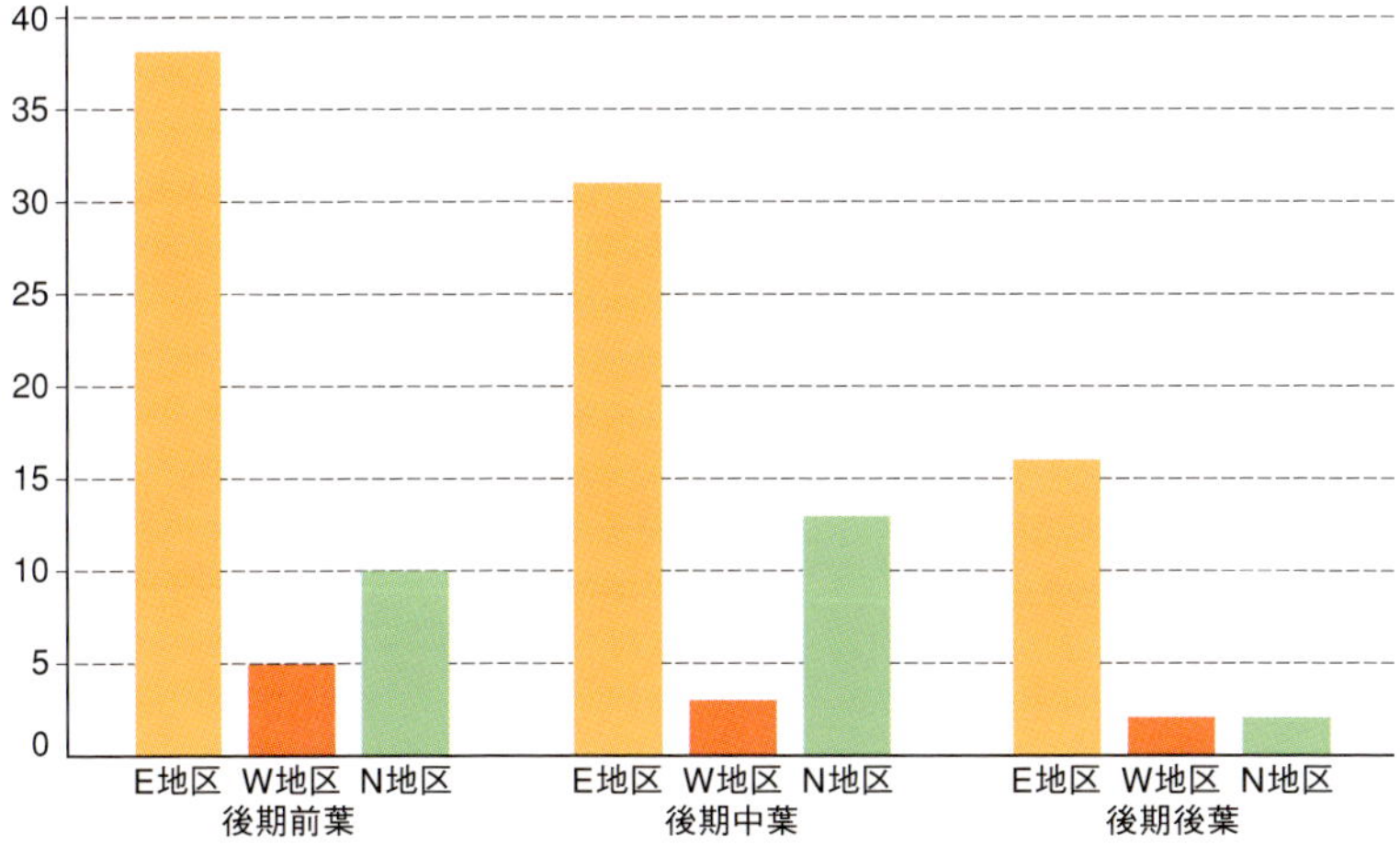

図 24 ● 地区別の推定住居数
弥生後期を通じて、３つの地区の住居数の比率が大きく変わらなかったことがわかる。

弥生後期前葉

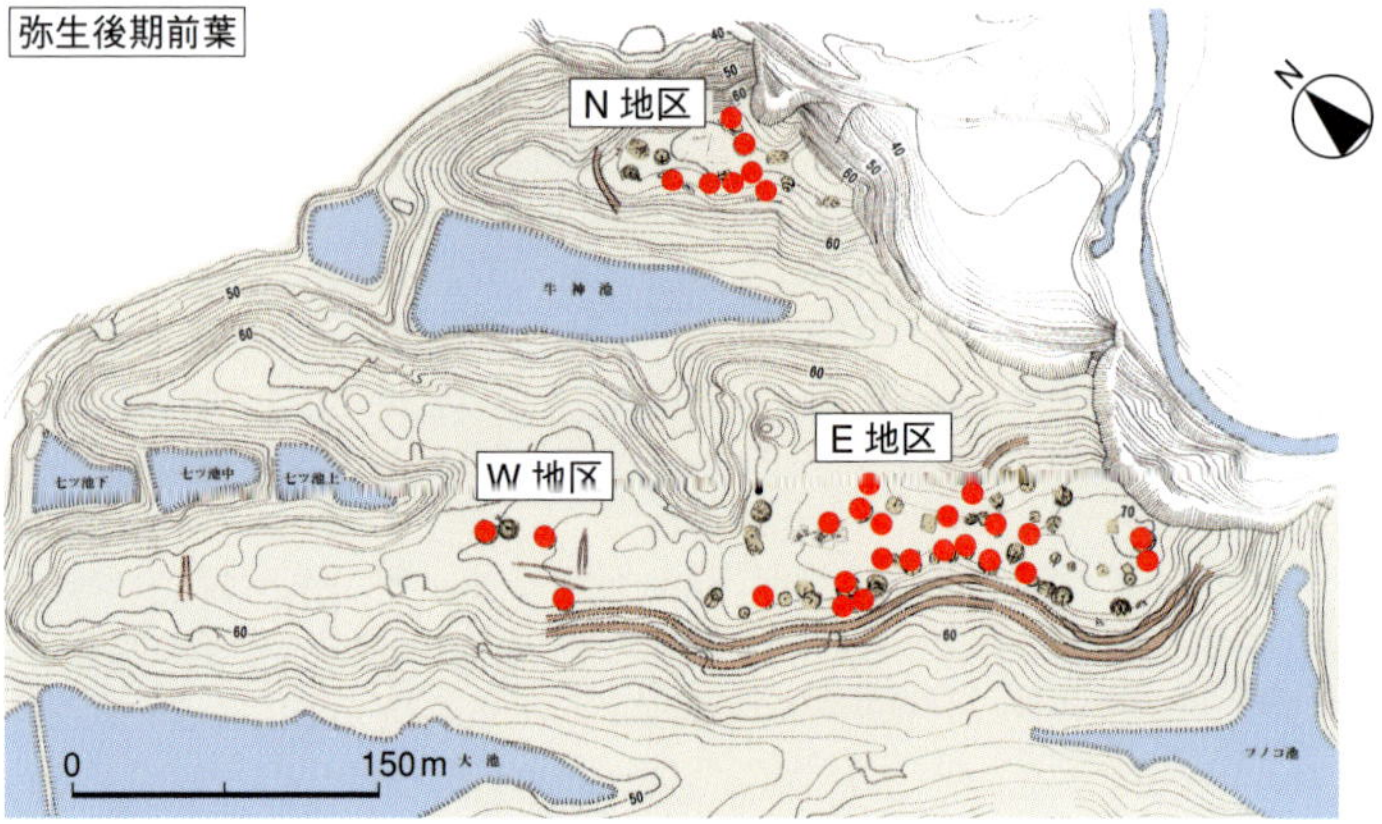

弥生後期中葉

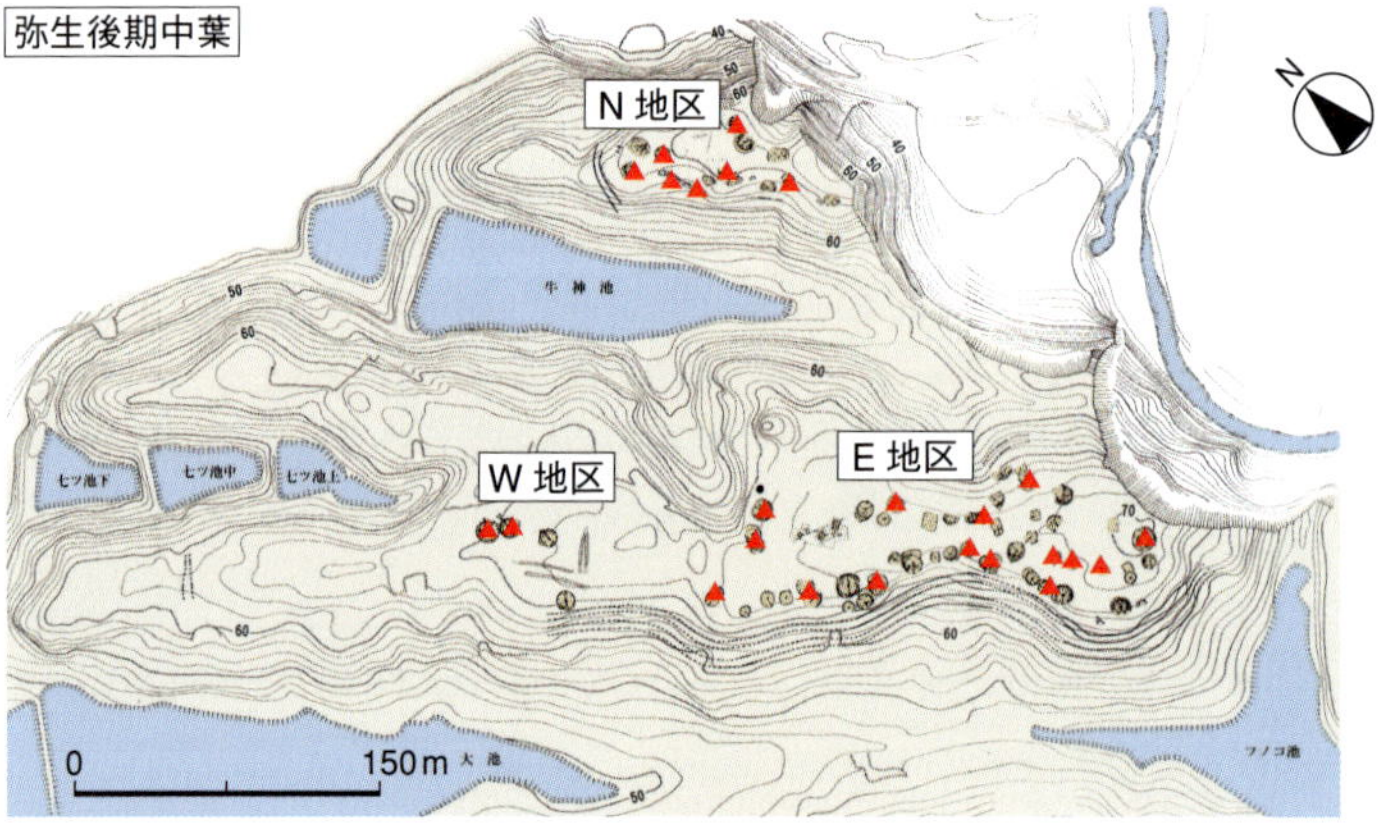

弥生後期後葉

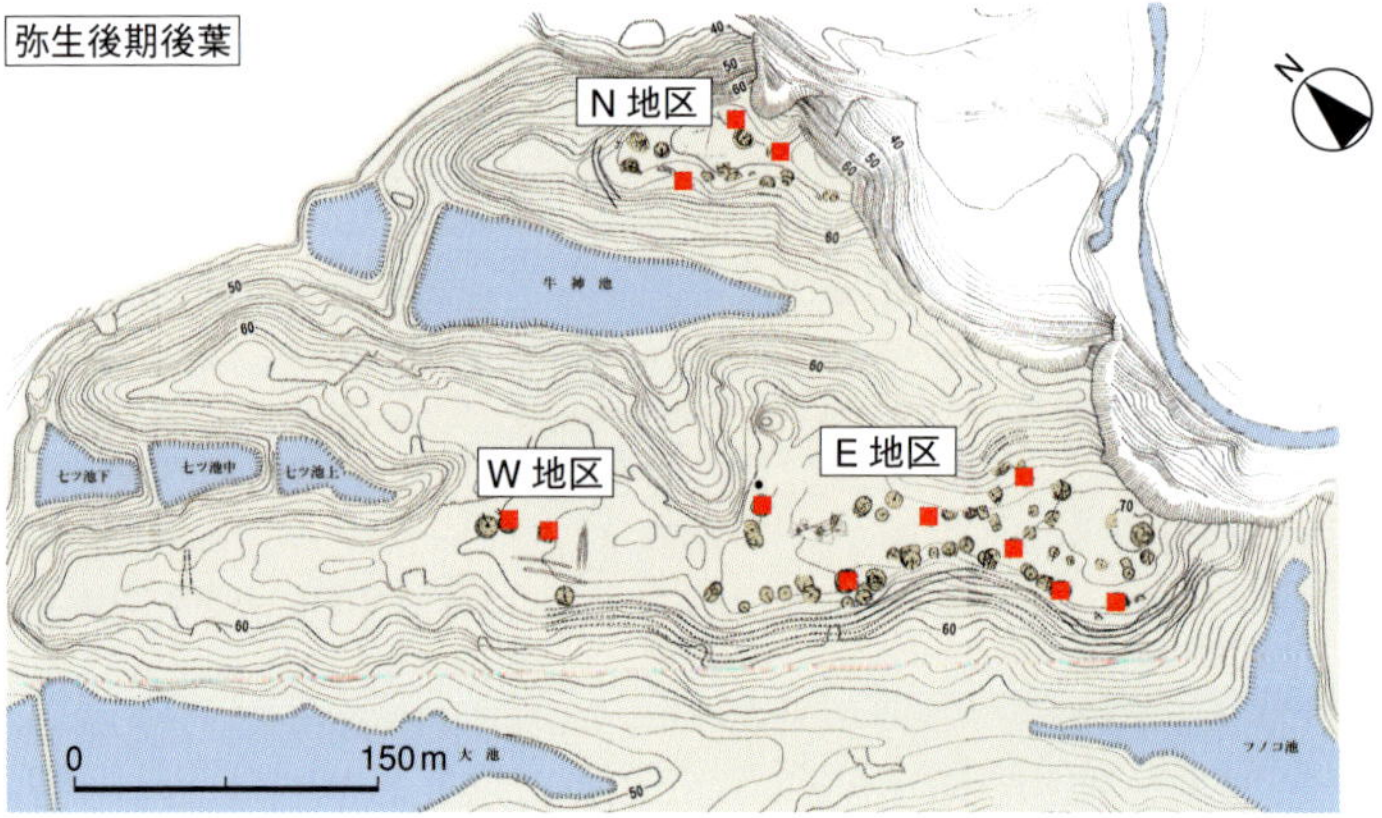

環濠と溝の実態

つぎに高地性集落論で注目される遺構、環濠と溝をみていこう。

観音寺山遺跡では、等高線に沿って形成されたと予測できる大溝と、尾根上に形成された中小規模な溝の二種類の溝がみつかっている。前者は、Ｅ・Ｗ・Ｎ各地区に隣接して発掘され、「環濠」と推定されているが、実際に調査したのはその一部にすぎない。全周するか否かは定かではないが、それでも各住居域に接して検出されていることは注目される。つまり、それぞれの住居群が、それぞれ環濠でかこまれていたことがわかる。

この各居住区をかこむ環濠は、幅が三メートルを超え、深さは二メートル程度と大規模である。また断面形態がＶ字形で、ただの大溝というよりは、まさに「壕《ほり》」の様相を示す壮観なものである（図26）。形態からみれば、まさに軍事的防御のためにつくられたという印象を強くうける遺構である。おそらく、集落の構成員たちの大規模な協業がなければ掘削できないものだろう。

こういった壕が各居住区にそれぞれ設けられていることは注目される。それは、この集落の各居住区が形成される契機として、社会的緊張状態が大きく作用した可能性を示唆しているからである。また、それぞれの居住区が別個に壕によって守られていたことも示している。観音寺山遺跡の集団全体の利害を守るためという側面だけでなく、各居住区の集団がそれぞれに防御施設をつくっているのである。ここに観音寺山遺跡をつくる諸集団の自立性を垣間見ることができよう。

図25 ● 各時期の土器が出土した住居の配置▶
3つの地区で、最初から最後まで住居がつくりつづけられたことがわかる。

これに対し、中小規模の溝群がみつかったのはW地区のみである。斜面に形成される環濠とは異なり、W地区における東溝・西溝・東西方向溝の三条は、住居群が設けられる尾根上の平坦部に形成されている。前者には廃棄された土器量は少ないが、後者には完形に近い土器群が多量に廃棄されていて、生活関連の施設だった可能性が高い。二種類の溝群の機能差は歴然としている。

後期前葉で埋没した環濠と溝

では、この環濠と溝があった時期はいつなのか。

N地区の環濠から出土した土器は、高杯の脚部がすべて柱状あるいは「ハ」形をとることから、弥生時代後期前葉のものと考えられる。また、E地区の環濠は、出土した土器はわずかだが、大半は同様の特徴をもつ土器である。若干

図26●壕の断面
断面V字形の壕が身長をこえる深さで掘られていたことがわかる。

数だけ後期中葉～後葉の高杯が出土しているが、これらはいずれも最上層の埋土からの出土品である。

つまり、N地区・E地区ともに、環濠は弥生時代後期前葉の段階で埋没してしまっていることになる。また、W地区の東溝・西溝・東西方向溝から出土した土器群も弥生時代後期前葉にあてはまる。環濠を含め、溝群はすべて弥生時代後期前葉で埋没しているのである。

このことから、集落形成の初期の段階では壕や区画溝の存在が重要であったが、その後は、そういった壕・溝の必要性がなくなっていたものと考えられる。つまり、社会的緊張状態を示す遺構は、集落の最初の時期だけに認められることとなる。

現在では、弥生時代後期は西暦一世紀中頃～二世紀後半にあたると考えられている。ムラができる初期には防御施設がもうけられたが、それらが埋められた後も約一〇〇年にわたって村は存続したことになる。この問題については、後章でさらに論じてみたい。

３　ムラの構造の特徴

集落の規模は

このような時期変遷をたどる観音寺山遺跡の弥生集落は、どのような構造をもっていたのだろうか。まず、集落の規模を類推しよう。

先述のように、同時に存在する住居の配置を復元することは、調査精度からみて困難である。

そこで同時に存在しえたはずの住居数の推定から、集落人口を推定するほかに方法はない。

現在の土器編年研究では、弥生時代後期は六～七小様式・型式に区分されることが多い。つまり、上述の弥生時代後期前・中・後葉の三時期区分をさらにそれぞれ二分割した時間幅が、当該期の時期細分限界となる。弥生時代後期の時間幅を一世紀の第2四半期から二世紀後半の約一五〇年とすると、一小様式・型式の時間幅は二〇～三〇年ということになる。

当時の木造建築物が機能した期間を知ることは容易ではないが、たとえば伊勢神宮内宮社の

図 27 ● 大塚遺跡
神奈川県横浜市の台地上でみつかった、弥生中期後半の環濠集落。環濠の範囲がほぼ全掘された貴重な例である。

建て替え、いわゆる「式年遷宮」が二〇年ごとにおこなわれることなどを考慮すると、この一小様式・型式期間が竪穴住居などの木造建築物の機能可能期間と大差ないとも想定できる。

類推に類推を重ねる議論になるが、先述の後期三期間に存在した住居数をさらにそれぞれ二分した数値が、同時に存在しうる住居数と推定できるのではないだろうか。そう考えると、弥生時代後期前葉が約二五〜三〇棟、中葉が二〇〜二五棟、後葉が八〜一二棟と同時に存在した住居数を推定することが可能となる。

また、もう一つの推定方法として、神奈川県横浜市の大塚遺跡（図27）で、同時に存在した住居数の検討例があげられる。同遺跡は、長軸約二〇〇メートル・短軸約一五〇メートル規模の環濠集落を完掘した貴重な調査例である。

大塚遺跡では、のべ約一二〇棟の宮ノ台式期（弥生時代中期後半）の竪穴住居が台地上で検出された。その各住居が形成され、機能し、廃絶・廃棄される各プロセスを考慮して同時存在数を復元した結果、一時期に約二〇〜三〇棟前後の住居が存在したと推定されている。

検出された住居数が観音寺山遺跡とほぼ同数の丘陵上集落で、異なる方法で試算した結果が合致しているということは、上記の推定の妥当性を示しているといえよう。弥生時代後期前〜中葉で約二〇〜三〇軒の住居が存在し、一住居に四〜五人居住していたと仮定すると、全体で八〇〜一五〇人規模の集落であったと推定できる。ただし、未調査のS地区（調査地の南側の尾根）の存在を考えると、さらに大きな規模だったとも想定できる。

三群の住居域は人間集団としてのまとまり

少なくとも一〇〇人前後規模と推定される観音寺山ムラの集団は、どのような配置で住んでいたのか。その住居群は尾根の形状に応じてE・W・N地区に住み分けている。ただ、それが地形の制約だけから分割居住したのでないことは、各地区に付属する溝群の状況から推定できる。

それぞれの地区に隣接して、環濠が形成されていることは、それぞれの住居群が一定の独立性や集団上の区分をもっていた可能性を示している。E地区とW地区は連続する尾根線上に位置していることから一つながりの居住域とも考えられるが、報告者の辰巳和弘氏は、W地区の住居が東溝・西溝・東西方向溝で区画されていることに注目し、集落内でも特殊な地区と推定している。

また先述のように、これらの溝群は弥生時代後期前葉から存在していた可能性が高いことから、三群の住居域による集落構造の発生と同時に、環濠や区画の形成がおこなわれていたことを示している。

すなわち、三群の住居域は自然地形に規制されて分割居住した結果ではなく、集落形成当初から、なんらかの利害を共通する人間集団としてのまとまりをもっていたと考えられるのである。そして、区域の住居数比が集落形成期間を通じて大きく変化しないことは、弥生時代後期を通じて、観音寺山遺跡内の集団関係に変化がなかったことを示している。

また、各環濠は、弥生時代後期前葉のうちに埋没している。このことは、環濠が機能しなくなっても各居住集団の関係が変化していないことを示している。環濠を社会的緊張状態の所産と考えると、そういった状況が緩和された後も、そのままの集団構造を保ったまま観音寺山ムラは継続し、後期後葉に入って少しずつ縮小していったと考えられる。

集落構造の特徴

以上のように、現在の土器研究を踏まえたうえでの遺構分布やその他の出土遺物からみて、観音寺山ムラの変遷や特徴はつぎの四点が確認できよう。

①弥生時代後期初頭（西暦一世紀中頃）に集落が出現する。弥生時代中期の集落ではない。

②集落がつくられた当初には環濠をもち、二つ以上の尾根に分かれて複数の居住区（ムラ）ができた。そして居住区（ムラ）ごとに環濠がつくられた。多数出土する石鏃類は集落が成立する当初に用いられている。

③濠が埋没した後も、複数の居住区（ムラ）が存続していきながら人口は減っていく。

④一〇〇年をこえる長期継続型のムラ複合体としてとらえられる。つまり、争乱の際の臨時施設ではなく、地域社会のなかの安定した核として存続しつづけた。その実態は通常集落とも共通する石器組成やタコ壺などの漁労具の存在からもうかがえる。

では、このような観音寺山ムラ複合体の実態は、「高地集落論」に対してどのような影響をもつのだろうか。

4　高地性集落論と観音寺山ムラ

古曽部・芝谷遺跡の事例

観音寺山ムラは、集落が成立する当初、各住居域に環濠が掘削されたことから、集落形成の契機として軍事的混乱を含む社会的緊張状態が存在したことは否定できない。

類似した状況を示す事例として、大阪府高槻市の古曽部《こそべ》・芝谷《しばたに》遺跡をあげることができる（図28）。この遺跡では、後期初頭に突如丘陵上に環濠を有する集落が成立し、後期前葉のなかで廃絶する。この期間は近接する拠点集落である同市内の安満《あま》遺跡の集落の空白期間に相当することから、社会的緊張状態のために拠点集落が解体したのと連動して、丘陵上に一時的に古曽部・芝谷遺跡の集落がつくられたと考えられている。

観音寺山遺跡も、近接する池上曽根遺跡との関連で類似した状況を想定することができる（図29）。実際に近年の池上曽根遺跡の分析のなかでは、乾哲也氏のように、弥生時代後期になって池上曽根遺跡から観音寺山遺跡への大規模な集団移動があったというアイデアを示す研究者もいる。

しかし、観音寺山ムラの実態は、環濠廃絶後も集落構造が変化せずに存続し、徐々に縮小するプロセスをたどる。集落形成の契機には社会的緊張が作用したとは想定できるが、丘陵上に集落が存在する理由はそれだけではないと考えられる。

後述するように、大阪湾岸部では、弥生時代後期に丘陵上集落の比率が高まる傾向がみられる。観音寺山ムラの動態は、こういった弥生時代後期全体を貫く集落構成の特徴と相関している。集落成立に社会的緊張が作用している可能性は否定できないが、背景には弥生時代後期の近畿地方における全体的傾向も無視できない。

池上曽根遺跡と観音寺山遺跡

また、集落規模が一〇〇人前後、もしくはそれを少し上まわると想定されることも重要である。近在の拠点集落である池上曽根遺跡は、とうてい一〇〇人程度の規模とは考えられない。安藤広道氏は、丘陵上の環濠集落が完掘された大塚遺跡の集落面積との比較から、五〇〇人前後と推定している。後述するように、大阪平野中部の集落構

図28 ● 古曽部・芝谷遺跡
急峻な尾根上に住居址がつくられ、その周囲が濠でかこまれている。

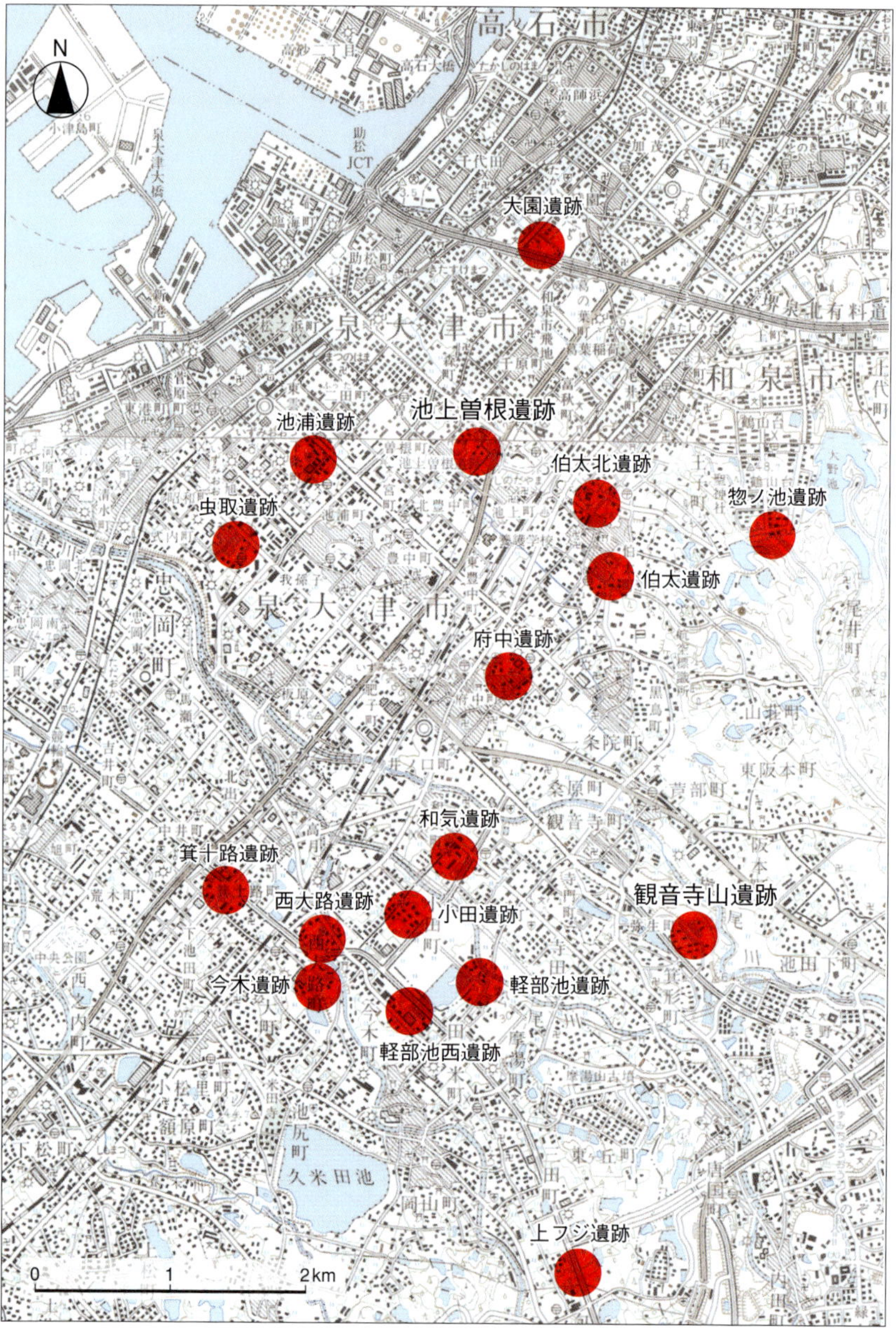

図 29 ● 観音寺山遺跡と周囲の弥生遺跡
北側の池上曽根遺跡のグループとは別の遺跡群のなかに
観音寺山遺跡があるようにみえる。

造分析にもとづく仮定でも二〇〇人は下らない。池上曽根遺跡から観音寺山遺跡への集団移住というシナリオは成立しがたいのである。

また、乾哲也氏の集落復元によると、弥生時代後期の池上曽根遺跡は完全に廃絶するわけではなく、中期にくらべて集落構造は変化するものの、依然として一定規模で継続しているという。また、池上曽根遺跡の東約二〜三キロの丘陵上には、弥生時代後期になると惣ノ池遺跡という集落遺跡が成立する。池上遺跡の周囲に形成される後期丘陵上集落は観音寺山遺跡だけではないのである。

つまり、安満遺跡と古曽部・芝谷遺跡で語られたモデルをそのまま池上曽根遺跡と観音寺山遺跡の関係にあてはめることは難しい。やはり、弥生時代後期の近畿地方各地における全体的傾向との関連で観音寺山ムラの集落動態を説明するほうが自然であろう。

また、このことは近年の観音寺山遺跡周辺の遺跡の発掘調査成果からもはっきりしている。観音寺山遺跡W地区から一キロ離れた寺田遺跡では、弥生時代後期の土器が多数発見されていて、集落のあった可能性が高い。そうすると、観音寺山遺跡とされた遺跡の範囲以外にも散在的に弥生時代後期の居住区がちらばっており、この地域の弥生集団のすべてが観音寺山遺跡に集中していたと考えることも難しいだろう。

第4章　変わる弥生社会像

1　弥生都市論と大規模集落

弥生都市論

観音寺山遺跡は大阪湾南岸部に位置する遺跡であり、先述のように、これまで弥生時代中期の大規模集落遺跡である池上曽根遺跡との関連で解釈されてきた。本章では、観音寺山遺跡の特徴を、大阪平野全体の弥生集落の動向のなかで位置づけてみたい。

大阪平野では池上曽根遺跡だけでなく、弥生時代中期に大規模な集落遺跡が数多くみられることが知られている（図30）。なかにはこういった大規模遺跡を「弥生都市」とよぶ研究者もいる。弥生時代の大規模遺跡の性格についてはさまざまな議論があるが、都市と言わないまでも、大規模集落が小地域ごとに形成され、それぞれの地域社会の核となっているという認識が広く共有されている。

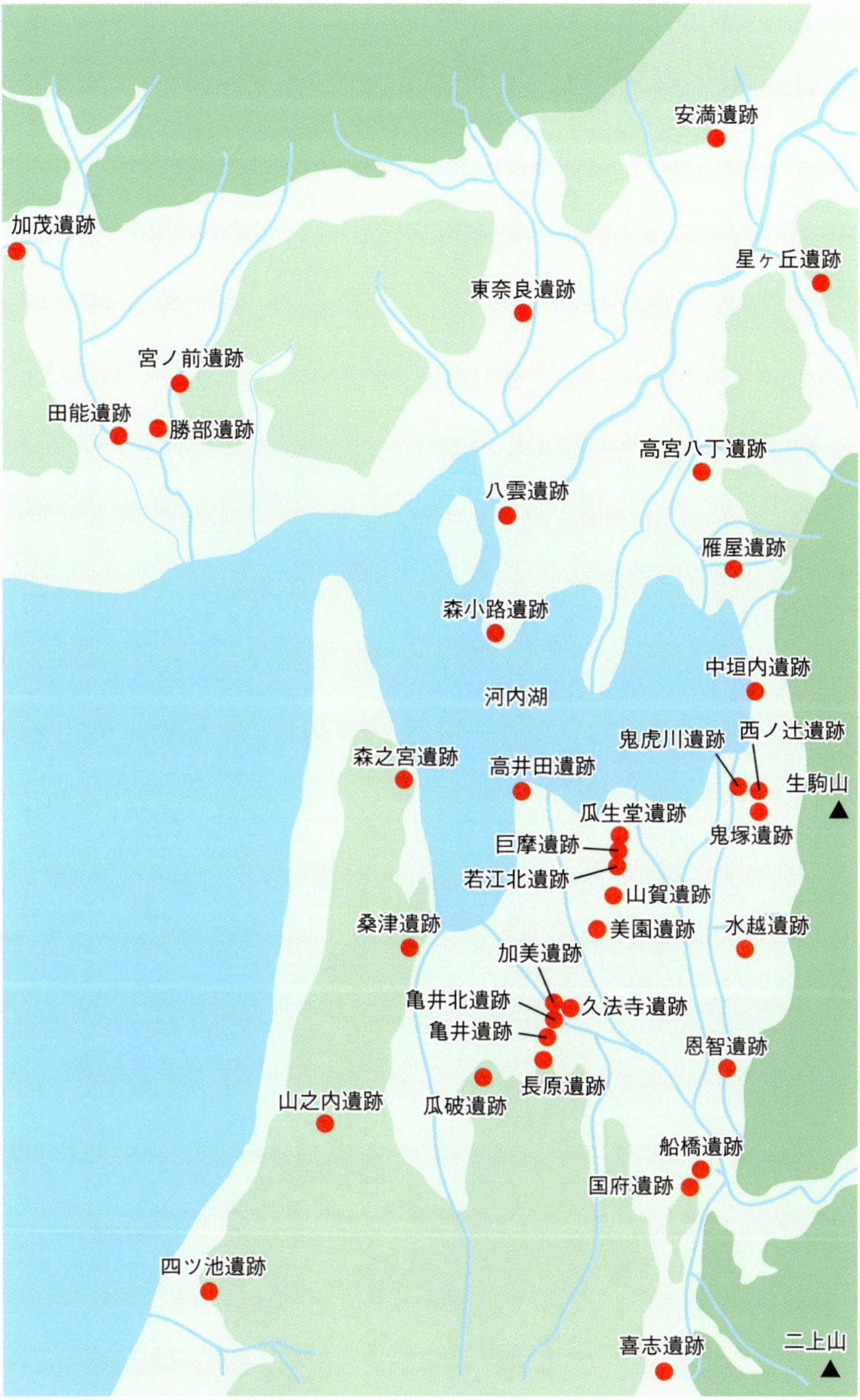

図30 ● 大阪平野の主要弥生遺跡
河内湖の南の低地部には多くの弥生集落がみつかっている。なかでも瓜生堂遺跡近辺、亀井遺跡近辺、鬼虎川遺跡近辺には遺跡群が形成されている。

そして、大規模集落は小地域をたばねる首長の居所であり、通常集落とは異なる規模・構造をもつという認識も示されている。都市論を唱える広瀬和雄氏は、首長の居館もしくはそれが統括する祭祀施設である大型建物を中心に、特殊技能集団が活動する金属工房が配され、その外部に一般成員の住居群が広がり、さらにその外部に水田や方形周溝墓《ほうけいしゅうこうぼ》群が展開するという同心円状の構造を想定している。

弥生都市という立場をとらない都出比呂志氏も、首長居館を中心として集落が構成され、外部に階層性を示す方形周溝墓が展開するというモデルを示している。

最終的な評価は異なるものの、大規模遺跡の構造をめぐる両者の視点は驚くほど共通している。こうしたアイデアの類似は、近畿地方の拠点集落に注目して議論をリードした酒井龍一氏による同心円状の拠点集落構造モデルの影響を強く受けていることによる。

観音寺山遺跡は池上曽根遺跡ほどの規模はないものの、比較的大規模な集落遺跡ということができる。しかし、そこには首長の居館も、特殊工人を計画的に配した同心円状の構造も確認しにくい。このことから、大阪平野のほかの大規模遺跡とまったく異なる構造が、観音寺山遺跡にはみられると考えねばならないのか。そのことを検証するためには、もう一度、大阪平野の大規模集落遺跡の状況を再検討してみる必要がある。

ここでは、良好な発掘調査データが蓄積され、複数の大規模遺跡が比較できる状況にある大阪平野中部の状況を再度整理することにより、観音寺山遺跡との比較をおこないたい。

河内湖南岸の大規模遺跡

一つめの事例としてまず取り上げるのは、瓜生堂《うりゅうどう》遺跡を中心とする遺跡群で、ここでは河内湖南岸遺跡群としておこう。

図31左は、弥生時代中期後半様相一期の遺構および土器包含層の分布状況である。まず、墓域が複数の群をなしている状態がみられる。方形周溝墓がA群、B群、C群、D群、E群を形成する。それに対応するように、柱穴・土壙・溝という生活遺構の密集するゾーンが近接して存在することがわかる。

図31右は、中期後半様相二期である。前段階では墓群の中心というのは遺跡群の北部領域だが、南部領域の墓群E'に中心が移っていく。それに呼応するように、居住域の中心も南側に移り、比較的大きな居住域ができる。つまり、一つの居住域の動態に合わせて墓群の位置が動き、結果的に大規模居住域に付随して墓群が盛行している。

同様な分析を、瓜生堂遺跡の南側に位置する亀井《かめい》遺跡を中心とした領域でみると、亀井遺跡の範囲には二つの居住域があり、それに近接して小規模ながら周溝墓がつくられていた。また、零細ながら、その周囲五〇〇〜七〇〇メートルの範囲に小さな村ができ、移動をくり返している様子がわかる。それぞれの村の傍には水田域がみつかっている。

また、河内湖東岸の鬼虎川《きとらがわ》遺跡・西ノ辻《にしのつじ》遺跡を中心とした遺跡群では、鬼虎川遺跡の西部に遺構が濃く分布する居住域があり、さらに東北部にも居住域がある。つまり二つのムラから構成され、それぞれに近接する形で大溝が掘られている。また、それぞれに隣接して方形周溝墓

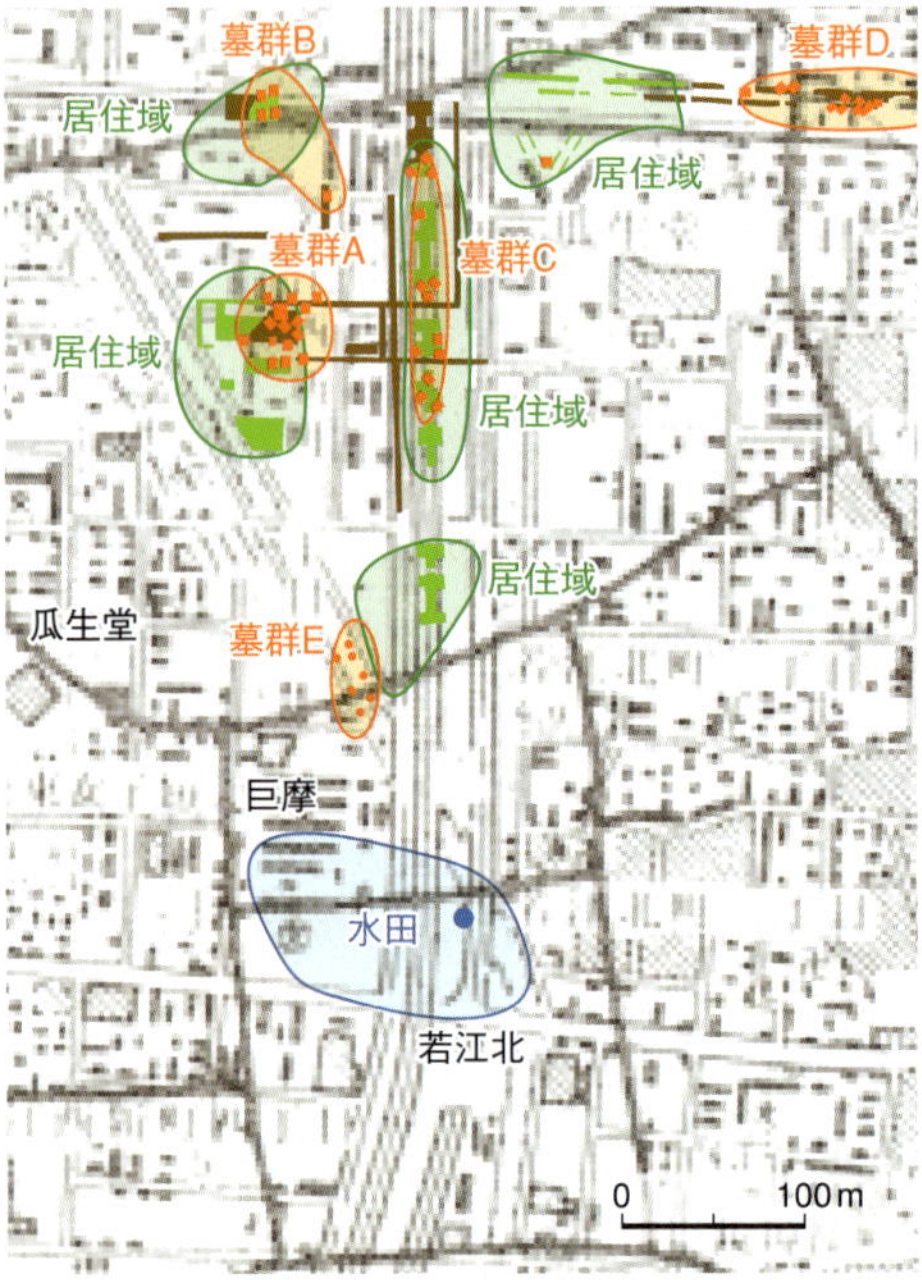

■ 方形周溝墓　■ 竪穴住居・柱穴・小溝の分布域
• 木棺墓　■ 土器包含層
● 水田

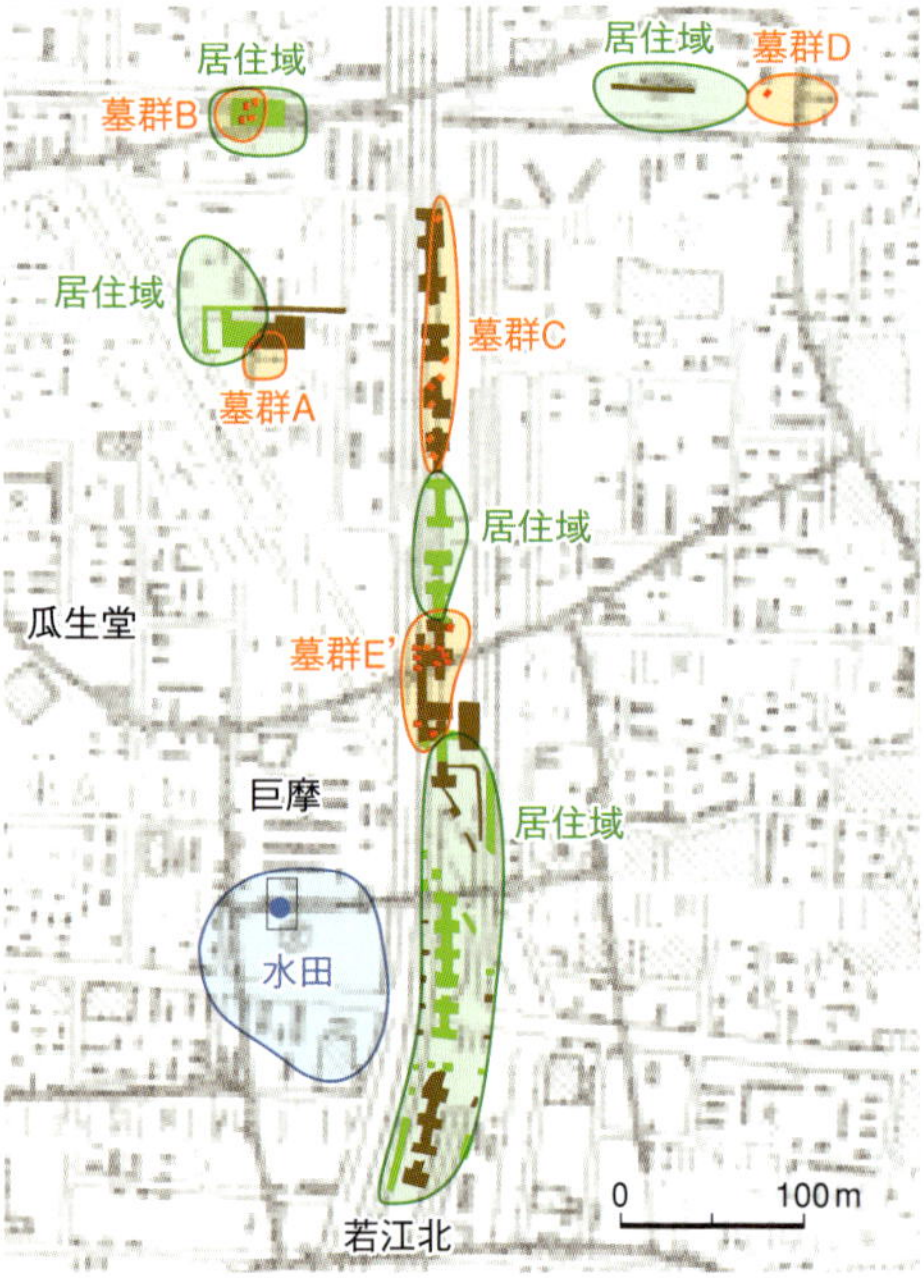

■ 方形周溝墓　■ 竪穴住居・柱穴・小溝の分布域
• 木棺墓　■ 土器包含層
● 水田

図 31 ● **河内湖南岸遺跡群の遺構配置**
左上：中期後半様相 1
右下：中期後半様相 2

群がある。この東北側のムラはすこしずつ移動していってしまう。同じようなムラと墓域のセットが複数展開していて離合集散していることがわかる。

基礎集団

これらの事例をモデル化したのが図32である。いままで、拠点集落とか大規模集落などと位置づけをされてきた遺跡は、その大規模な集住形態から、小規模な集落と性質がちがうものであろうと考えられてきた。それを前提に環濠集落論や拠点集落論、さらに社会の発展段階として高い評価を与える弥生都市論が展開されてきた。

しかし、その論拠となる遺跡の実態は、単一の集住集団ではなく、二つないしは三つの居住域・墓域・水田にかかわる施設群の組み合わせによって成立していると考えられる。そして、その外部には、同様な構造をもった集団がやや離れたところに分布している。

このように拠点集落とよばれる遺跡のなかにある個々の居住域にいる人間集団を「基礎集団」とよびたい。上記の例から類推すると、この集団は平面規模で径一〇〇～二〇〇メートル規模ぐらいの範囲と考えられる。それを、人間集団の規模に置き換えて考えてみたい。大塚遺跡での同時存在住居跡の想定を参考にすると、おおむね一〇～二〇棟程度の竪穴住居や掘立柱建物数が想定できる。おそらく四〇～八〇人くらいの人間集団と想定される。こういった大小の基礎集団が三～四群程度からなる大規模遺跡は、全体では二〇〇～三〇〇人程度の人口が想定されることになる。

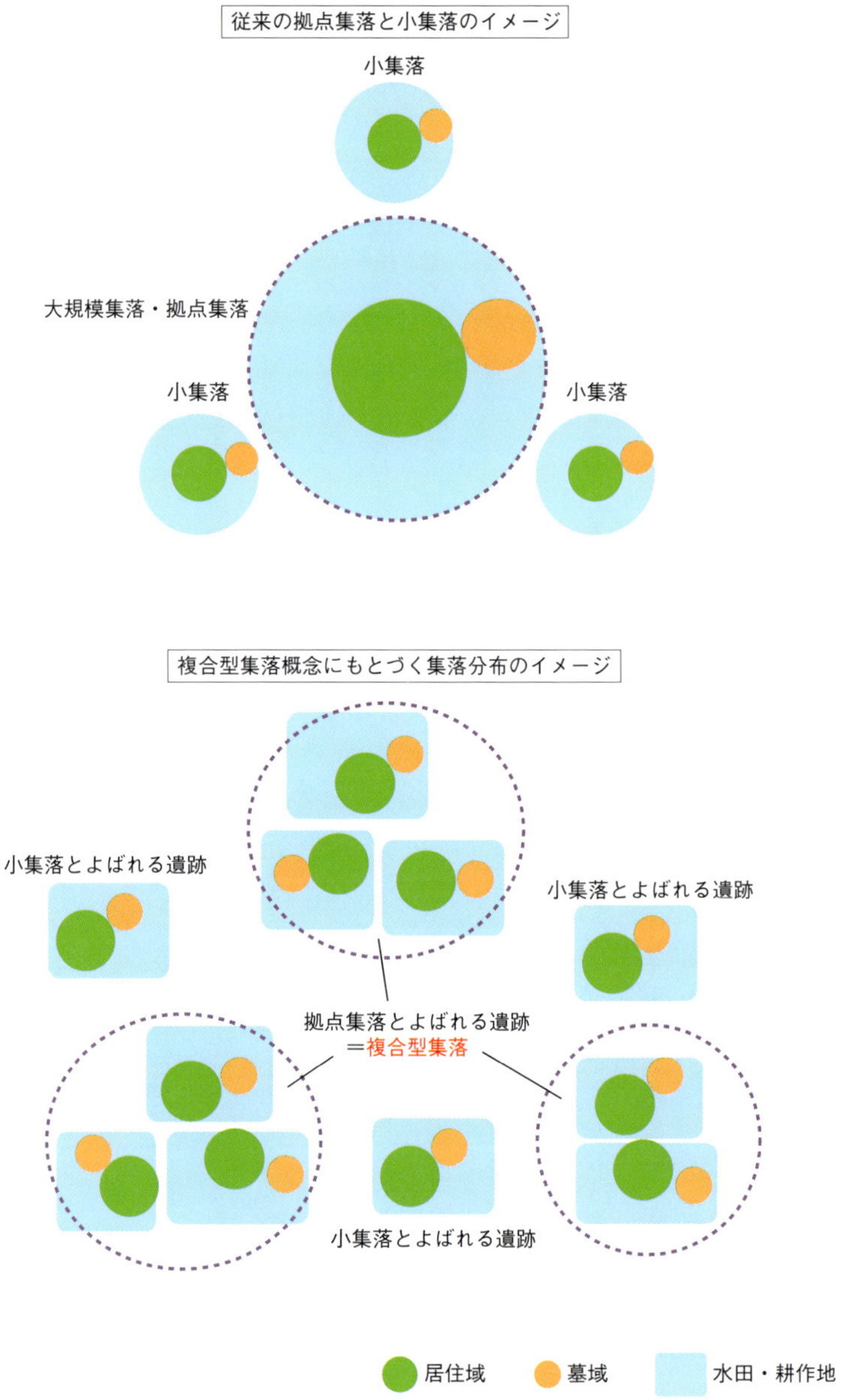

図 32 ● **大規模遺跡をめぐるイメージ**
居住域と墓域の展開を詳細に分析すると、大規模遺跡は中規模のムラの密集域とみることができる。特殊な集団があるわけではない。

複合型集落

このように、近年の研究では、大規模集落遺跡は中・小規模の集落がいくつか複合してできた遺跡であることがわかってきた。また、構成する中・小規模の集落は、同じような生業や生産活動をおこなっている例が多い。図33は、亀井遺跡とその周辺における四つの基礎集団における、弥生時代中期の石器の組成を示したグラフである。

このグラフをみると、サヌカイト製石鏃、石錘、尖頭器類・剝片について、それぞれの組成の折れ線グラフの形がほぼ一致している。このことから、一つひとつの基礎集団は独立した石器の生産、使用の単位であるといえる。そうしたなかで一定の差があることは、石器そのものもしくは石器を使った生業にもとづく生産物の交換などがおこなわれた可能性を示している。それは相互的であった可能性が高い。

また、各遺跡群内で青銅器鋳型が出土する基礎集団は、一つくらいしかない。つまり特殊品は中心的な集団で製作し、各集団に分配されるという形態をとっていると想像できる。しかし、首長の周囲に置かれた特殊な工房が必ずしもすべての手工業品を集中的に生産している、ということではないと考えたほうがよさそうである。大規模集落にもとづく弥生社会像は、いま大きく揺れ動いているところである。

すなわち、大規模遺跡については基礎集団の集合体として把握できることから、基本的には「複合型集落」とよぶことができる。この複合型集落は基礎集団の密集域で、小集落しかない領域はその粗分布域と読み替えることもできる。また、基礎集団は生産と消費の単位ではある

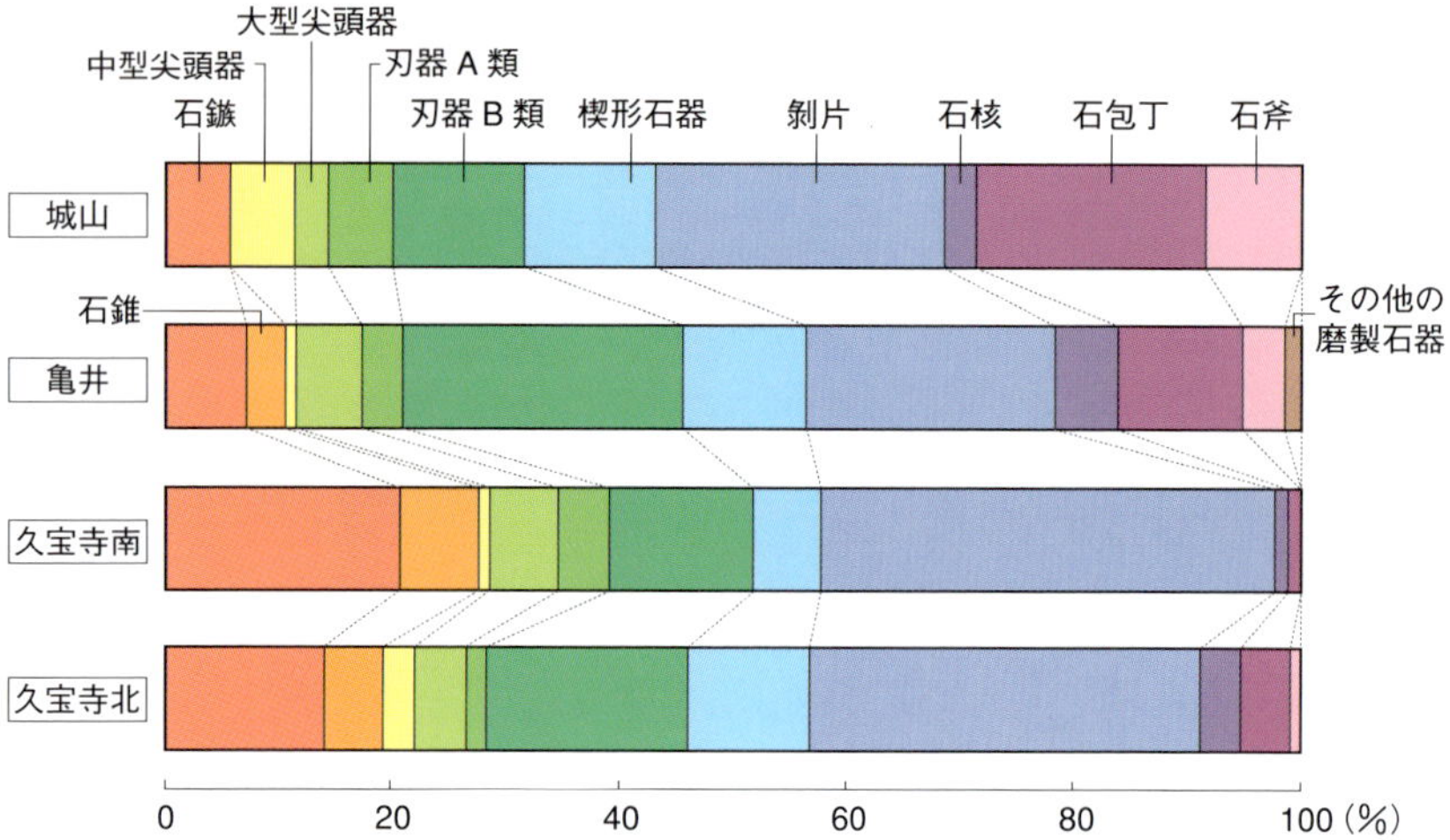

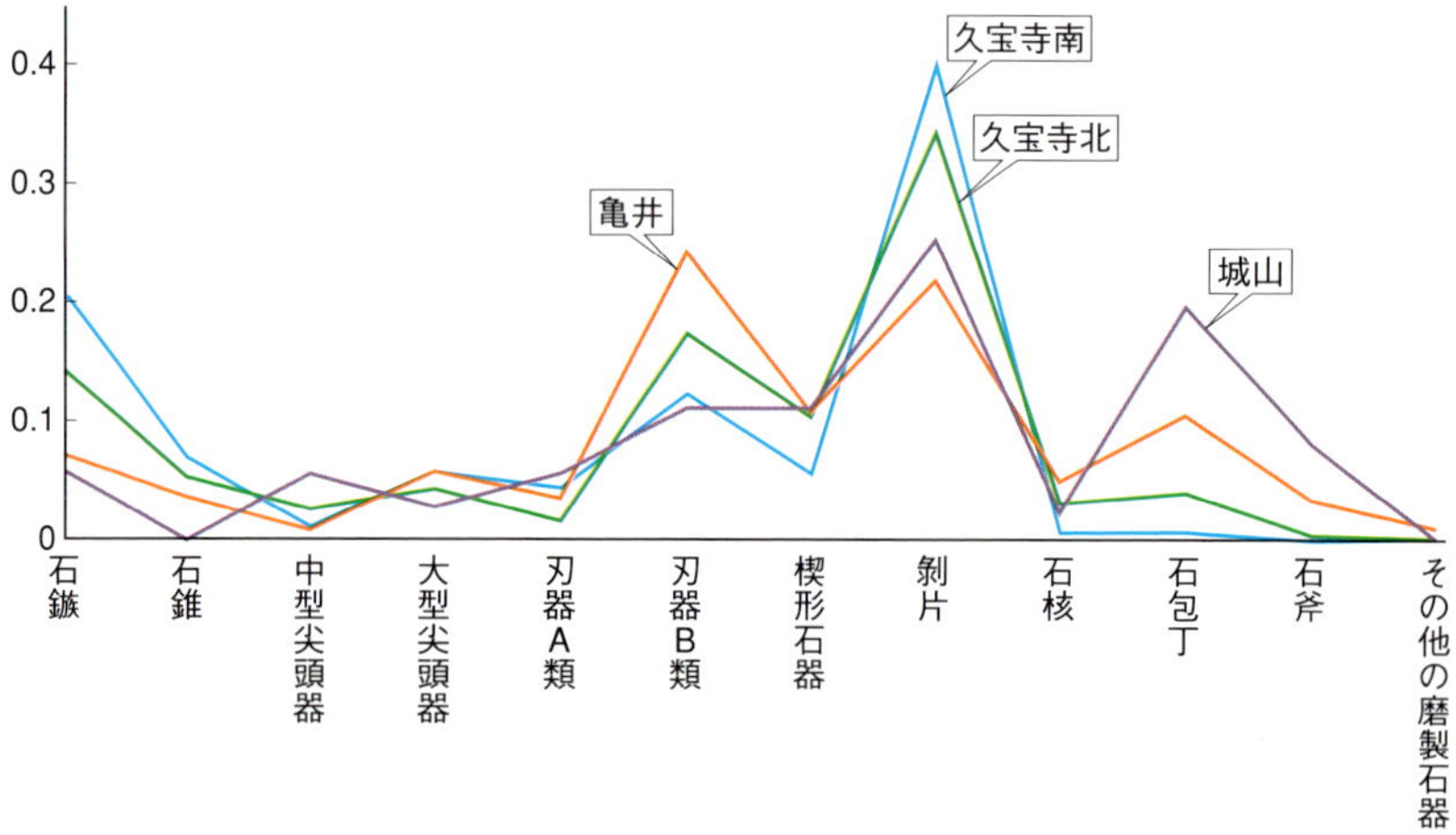

図 33 ● 各基礎集団での石器組成

亀井遺跡周辺の４つの集団はよく似た頻度で石器をつくり、使っていたと考えられる。特殊な集団による専業はみられない。

が、遺跡群内で相互依存関係にもある。そういう遺跡群の連鎖として、諸地域の小地域社会が形成されていると考えられるのである。

2　小地域社会の動向

大阪平野・奈良盆地における丘陵地の集落遺跡の動向

このように大阪平野中部を中心として、弥生時代中期には大規模遺跡を中心とした地域社会ができあがっているようにみえる。しかし、同じ弥生中期に、丘陵部にはそういった大規模遺跡をみつけることは難しい。

では後期になると、観音寺山遺跡のように、大阪平野に面する丘陵地に集落が大規模化する傾向がみられるのだろうか。

具体的な事例の提示から議論をすすめよう。大阪平野と隣接する丘陵地の集落遺跡については、三好孝一氏が二〇〇〇年にデータを示している。また奈良盆地に関しては、大和弥生文化の会が編集した資料集成が発表されている。本書では、これらにそれ以後の調査データを追加して、立地別に遺跡数を集計した（図34）。ここでは、遺構が不明で遺物散布や包含層が確認されているだけの遺跡も含めて集計している。

これをみると、大阪平野・奈良盆地で共通するのは、丘陵・段丘上に立地する遺跡数が両地域とも前期から中期にかけて増加傾向にあり、後期に入ってからさらに大きく増加することで

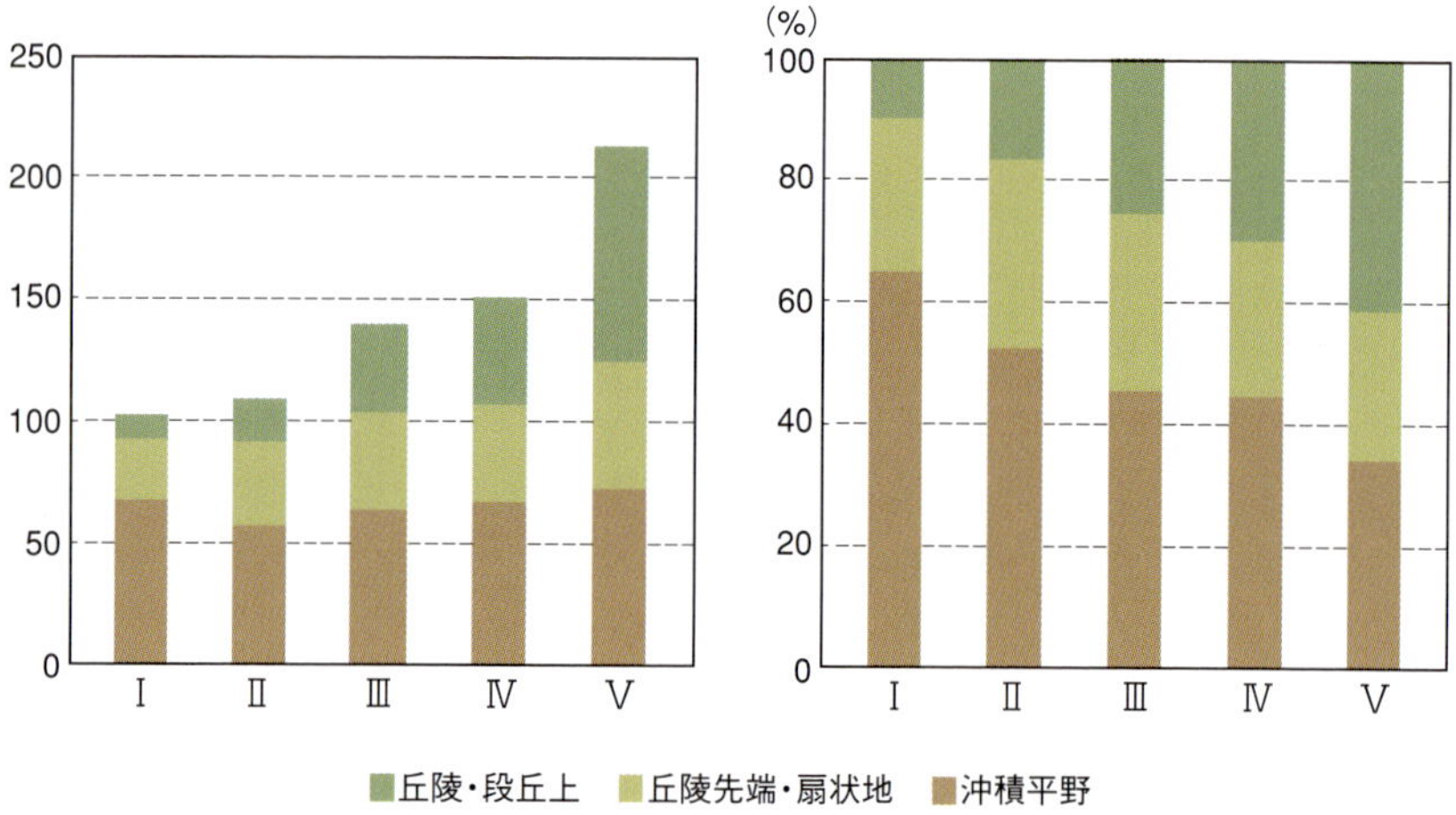

大阪平野を中心とした弥生時代遺跡数の変化（左）と立地の変化（右）

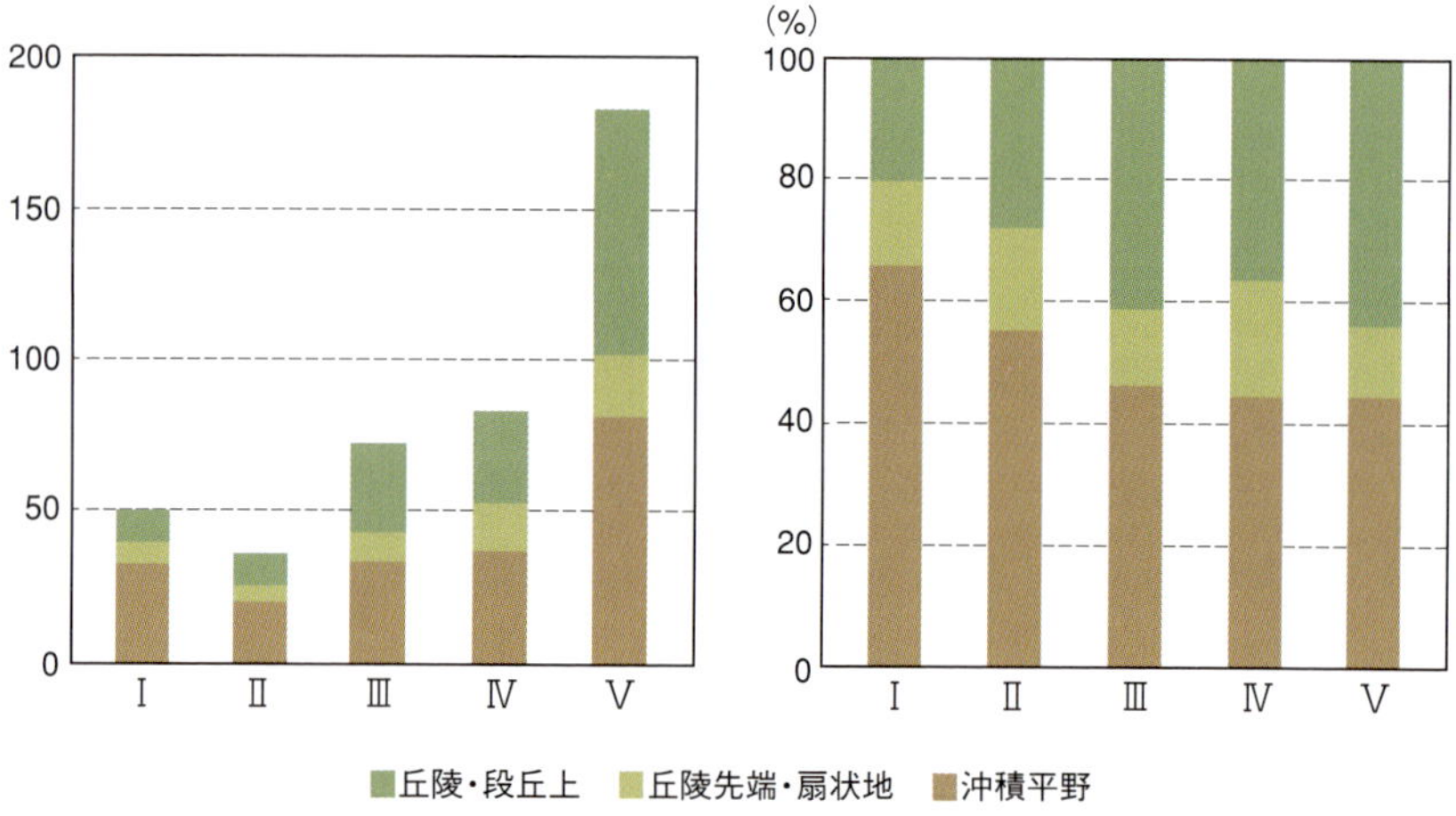

奈良盆地を中心とした弥生時代遺跡数の変化（左）と立地の変化（右）

図 34 ● 弥生時代の大阪平野と奈良盆地の遺跡数の変化
両地域とも丘陵部の遺跡がふえていくことがわかる。とくに弥生後期には丘陵部の遺跡が半数近くにのぼる。

ある。これまで後期に丘陵上の集落が増えると指摘されていたことが、実際に大阪平野・奈良盆地に共通してあてはまるのである。

それを裏づけるように、遺跡の立地比率の動向は、両地域ともよく似ている。前期には沖積地が六〇パーセント超であるが、時期が下るにつれ四〇パーセント前後へと比率が下がってくる。そして、後期になると沖積地と丘陵上の遺跡数が均衡する状況となる。

大阪平野では、丘陵上の遺跡数の増加が顕著だが、奈良盆地では丘陵上・沖積平野いずれの遺跡も増加して、結果として大阪平野にみられる遺跡立地数比率と同じ状況が生まれることになる。遺跡数にちがいがあるものの、立地の比率変化は同じ経緯をたどるといってよいだろう。とくに、丘陵上遺跡とそれ以外の比率は、後期の段階で、大阪平野と奈良盆地はまったく同じとなる。

弥生時代後期の集落

一方、後期の大阪平野の沖積地では、中期に隆盛をきわめた複合型集落の減少が指摘されてきた。この段階で確実に確認できるのは亀井遺跡であるが、それ以外では若江北《わかえきた》遺跡・西ノ辻遺跡・山之内《やまのうち》遺跡・船橋《ふなはし》遺跡・安満遺跡・東奈良《ひがしなら》遺跡などにその可能性があるものの、後期を通じて連続するわけではない。長期継続する複合型集落はかなり少数になっているといえよう。

同時に、杉本厚典氏は、長原遺跡周辺では基礎集団単体で形成される中規模集落が多数みられる状況を指摘している。これらは、複合型集落が長期継続するとは限らない状況を示している。
一方、新たな地形環境に複合型集落がみられる傾向もうかがわれる。たとえば、古曽部・芝谷遺跡（図35）・河南町の寛弘寺《かんこうじ》遺跡（図36）・羽曳野市の駒ヶ谷《こまがたに》遺跡である。いずれの集落遺跡でも、竪穴住居数棟からなる小居住域が一定程度確認できるとともに、それらが複合した、径二〇〇メートル程度の規模の居住域をみとめることができる。

先述した集団分類を適応すれば、これが基礎集団に相当する。そしてこの基礎集団が丘陵上に複数点在して、それぞれの大規模遺跡領域が形成されているのである。

つまり、観音寺山遺跡と類似した丘陵上の大規模遺跡は、弥生時代後期になると、大阪平野近辺の各地で増加している。言い換えると、弥生時代後期になると、大阪平

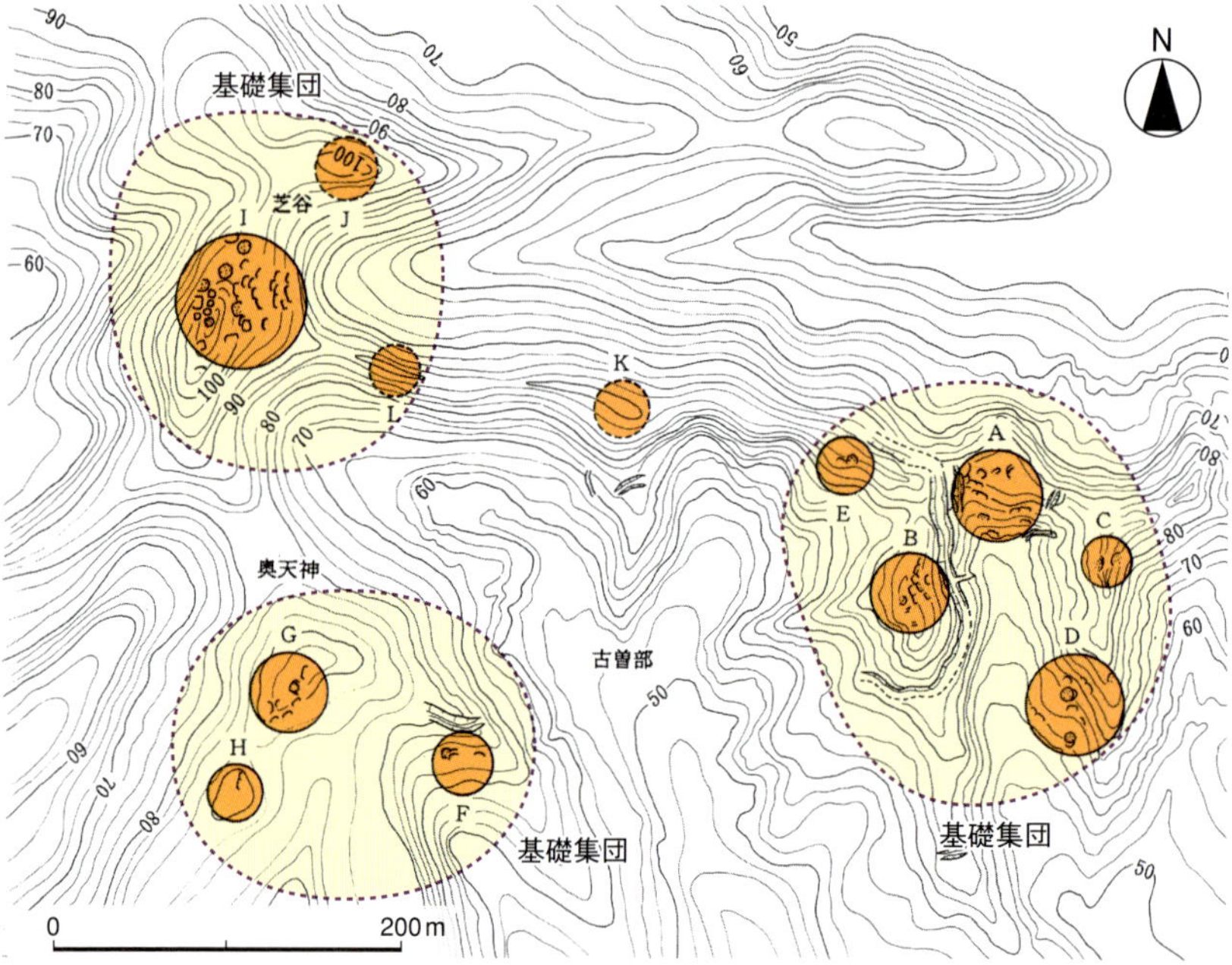

図35 ● 古曽部・芝谷遺跡の遺構分布
丘陵上に3つの集団が分布して遺跡が形成されている。複合型集落である。

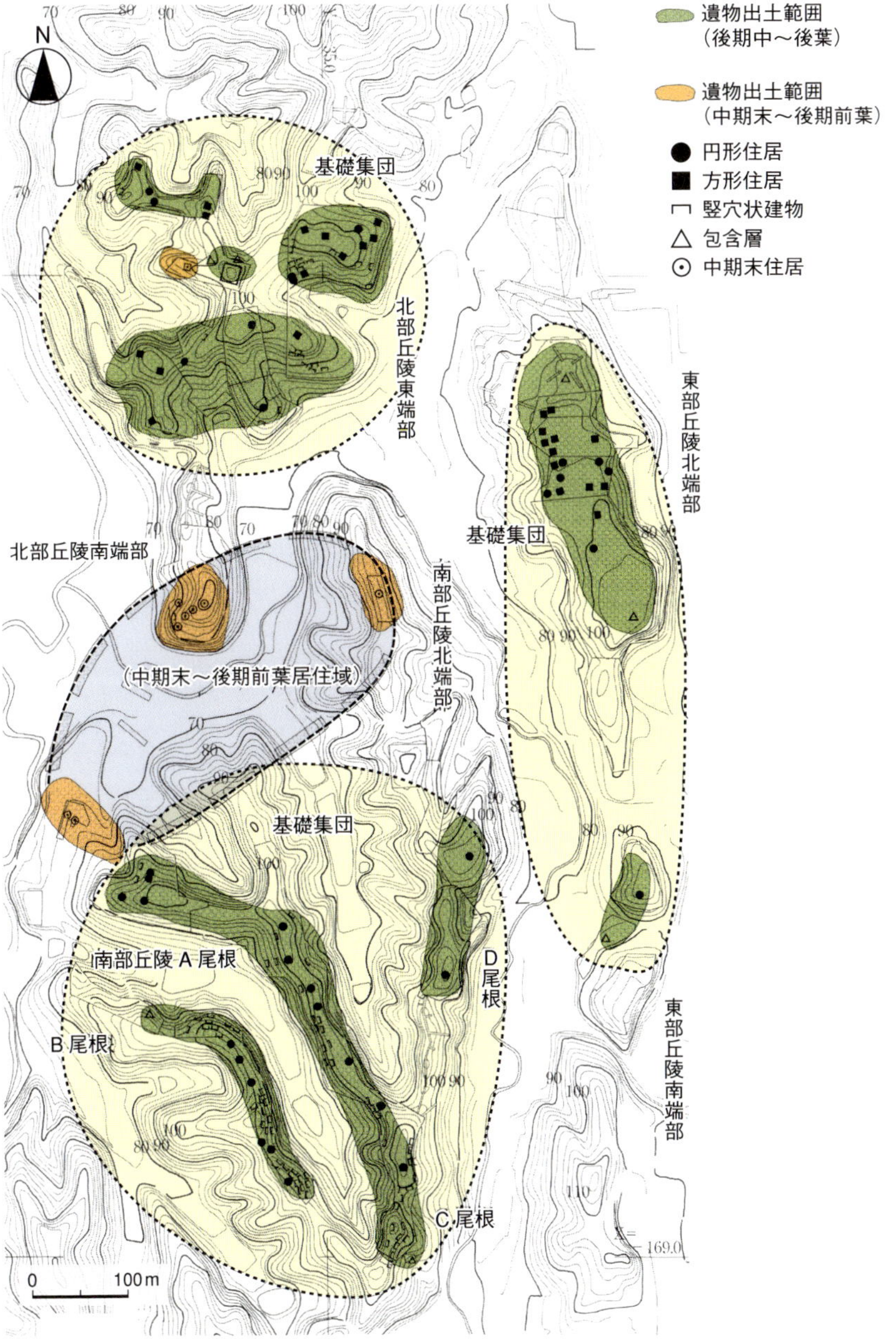

図 36 ● 寛弘寺遺跡の集落構造
古曽部・芝谷遺跡と同じように、丘陵上に 3 つの集団が集まって遺跡が形成されている。

野縁辺の丘陵部に複合型集落があらわれ、そうした動きの一つとして観音寺山遺跡は形成されたことになる。

このような全体的な変化は、丘陵上の遺跡の増加によって、遺跡数において低地部と丘陵上が均衡していく状況と連動して起こっていると考えられよう。つまり、大阪平野では、後期になると沖積地の複合型集落が徐々に減ると同時に、丘陵上の複合型集落が出現するようになる。これは、遺跡形成において丘陵上とそれ以外の遺跡立地数が均衡すると同時に、形成される集落の内容自体に立地による差異が少なくなってきていることを示している。

このように考えると、観音寺山遺跡には環濠の存在やその立地から「戦乱にかかわる村」という側面だけでなく、弥生時代の集落立地の移り変わり全体の傾向が反映されているのである。

第5章　高地性集落の実像

1　東アジア全体の「戦い」

青銅武器は戦いのシンボル？

ここは、かならずしも「戦乱」といったキーワードだけでは解釈できない観音寺山遺跡を理解するために、弥生文化のなかの他の闘いの痕跡を紹介したい。とくに、東アジア全体の中で、戦乱に関する弥生文化の特質をみていきたい。

先述のように、佐原眞氏は、石鏃の重量化を弥生時代における「武器」の発達と重ね合わせて説明した。しかし、弥生文化には、もっと直接的で明確な武器が存在する。それは、青銅製の剣《けん》・矛《ほこ》・戈《か》の存在である。

弥生時代前期末〜中期初頭に朝鮮半島の青銅器文化の影響が北部九州にもたらされ、青銅武器が甕棺《かめかん》の副葬品にみられるようになる。たとえば、福岡県の吉武高木《よしたけたかぎ》遺跡では、銅剣《どうけん》・銅《どう》矛《ほこ》・銅戈《どうか》とともに、朝鮮半島製の多鈕細《たちゅうさい》文鏡《もんきょう》とよばれる銅鏡や多数の玉類が副葬され、初期の「王墓」ともよばれている（図37）。こういった細形銅剣・細形銅矛・細形銅戈とよばれるこの青銅武器類は、最初は朝鮮半島からの輸入品として副葬されるが、すぐに同じ形態のものが北部九州で生産されはじめる。

　このように弥生文化のなかの明確な「武器」である国産青銅武器は、最初、朝鮮半島の青銅器のコピーとして成立する。中国大陸の武器文化の影響下にある半島の武器そのままに、それは細身で実用に足る形態である。しかし、弥生時代の青銅武器は独自の発達を示す。

　たとえば、銅剣は弥生時代中期に中細形銅剣という、より幅広の形態をとり、さらに中期後半から後期にかけて平形銅剣とい

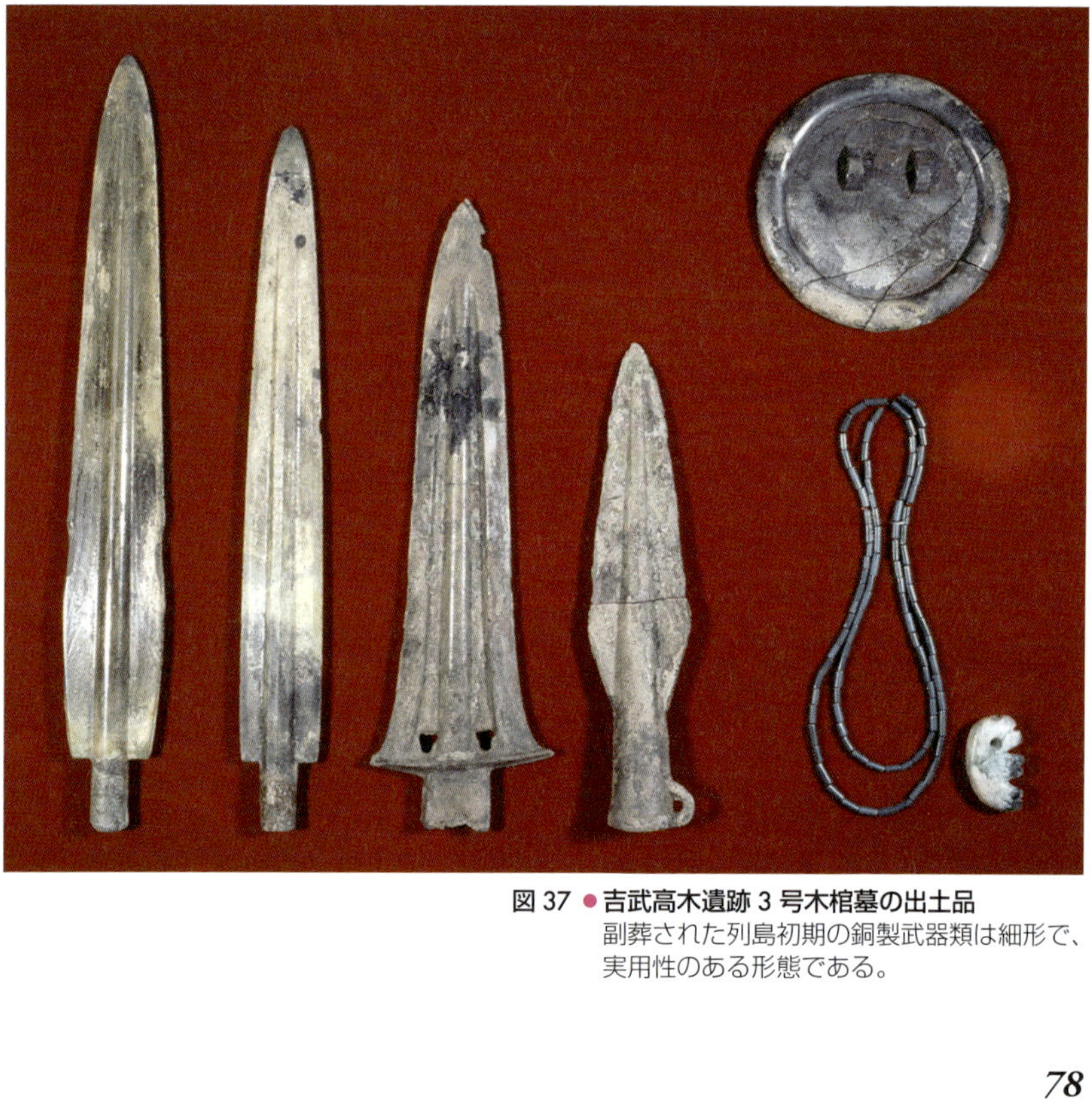

図37 ● 吉武高木遺跡3号木棺墓の出土品
副葬された列島初期の銅製武器類は細形で、
実用性のある形態である。

う、まったく刃を研ぎださない比較的大型の青銅器として発達する。銅戈も中細形、銅矛も中広形・広形などのように、同様に刃をつけない大型品へと発達する。弥生時代後期の広形銅矛などでは長さ一メートルを超えるものが出土するようになる（図38）。

つまり、弥生文化の進展のなかで、青銅武器は実際の戦闘の道具というより、儀器として発達していくのである。いわば、闘いのシンボル化ともいえる現象を見出すことができる。

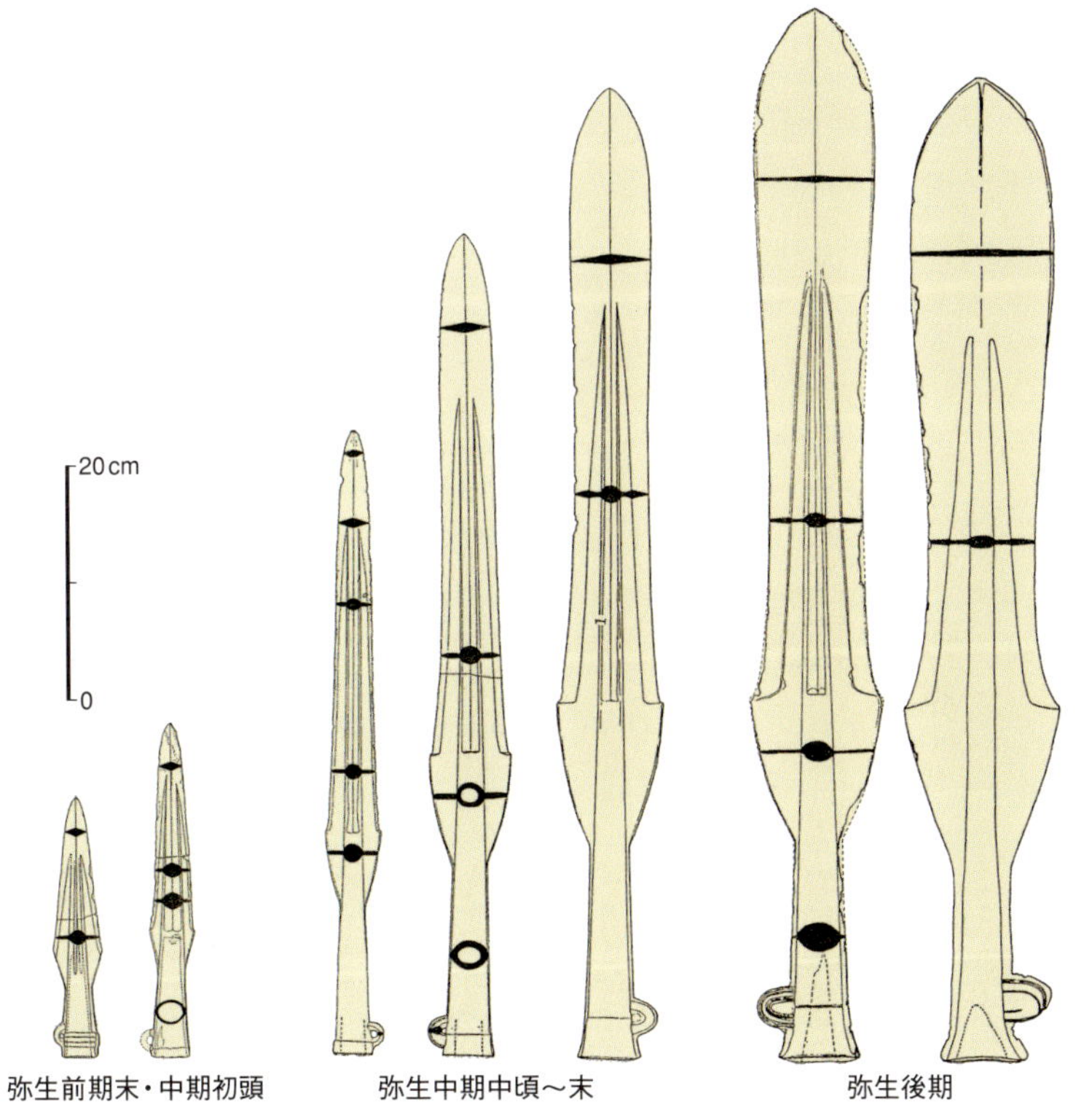

図38 ● **武器形青銅器（銅矛）の変遷**
時代が下るにしたがって国産青銅武器は大型化し、
実用性を失っていく。

東アジアに広がる石製武器類

また、磨製石鏃・磨製石剣も、北部九州では朝鮮半島と同じ形態のものが弥生時代の開始期からつくられはじめる。中四国・近畿地方にもそれはおよぶが、この地域ではサヌカイト製の打製石鏃が主体となる。とくに近畿地方は、弥生時代中期には有茎《ゆうけい》石鏃が多くなる。もちろん、磨製石鏃も有茎のものが主体であり、打製石鏃の形態の多くは磨製石鏃と非常によく似ている。磨製石鏃と連動した有茎化傾向は、佐原氏が指摘した石鏃重量化の重要な要因となる。あたりまえだが茎をつくりだした鏃は重い。磨製石鏃には幅広タイプのものが多くみられ、打製石鏃もしかりである。

このように朝鮮半島からもたらされた磨製石鏃の文化とその間接的影響が中四国・近畿地方へと伝播し、結果として重量化石鏃増加の背景となっているのである。

同じ傾向は石剣にもあてはまる。村田幸子氏や寺前直人氏によると、弥生時代前〜中期の列島内では、近畿地方の打製短剣は、朝鮮半島に系譜をもつ石剣を打製石器としてつくることにより成立したと解釈できるという。つまり、列島内の弥生石器のなかに含まれる石製の「剣」は、半島にルーツをもって成立し、各地でその素材や形態が在地化したものといえるのである。

また、東潮氏が作成した図39が示すように、中国の新石器時代末と朝鮮半島の青銅器時代前半期には、磨製石鏃や短剣が広く東アジア一体に広がっていることがわかる。つまり、西日本の武器は、地域によって様相はちがうが、自律的に生み出されたのではなく、中国大陸・朝鮮半島からの文化伝播として理解できるのである。

武器の地域性と戦いのモチーフ

一方で、石鏃・石剣は打製・磨製といった製作手法や石材の差だけでなく、形態のうえでも西日本各地で強い地域性がみられることは、想定される戦闘の内容とも関係している。松木武彦氏は、北部九州・瀬戸内地方・近畿地方の三地域では石鏃・石剣に製作技法や形態の差が大きいことを指摘したうえで、こういった武器の地域性は、大地域間に戦争が発生したことによって成立するのではなく、各地域内で小規模な争いが頻発する事態に相応して形成された結果と解釈する。

武器の共通性と地域性は、戦闘をモチーフとした遺物が広域で連動しながらも、諸地域内部の細かな集団関係の変化を背景に形成されていると考えられる。

このような鏃・剣といった戦いのモチーフは、土器絵画・銅鐸絵画に見出される。典型的なのは、盾《たて》と戈をもつ人物である。図40にあげたように、銅鐸形土製品・土器・銅鐸などといった多数のものの表面に片方の手に盾を、もう片方の手に戈と思しき棒状の武器をもった人物

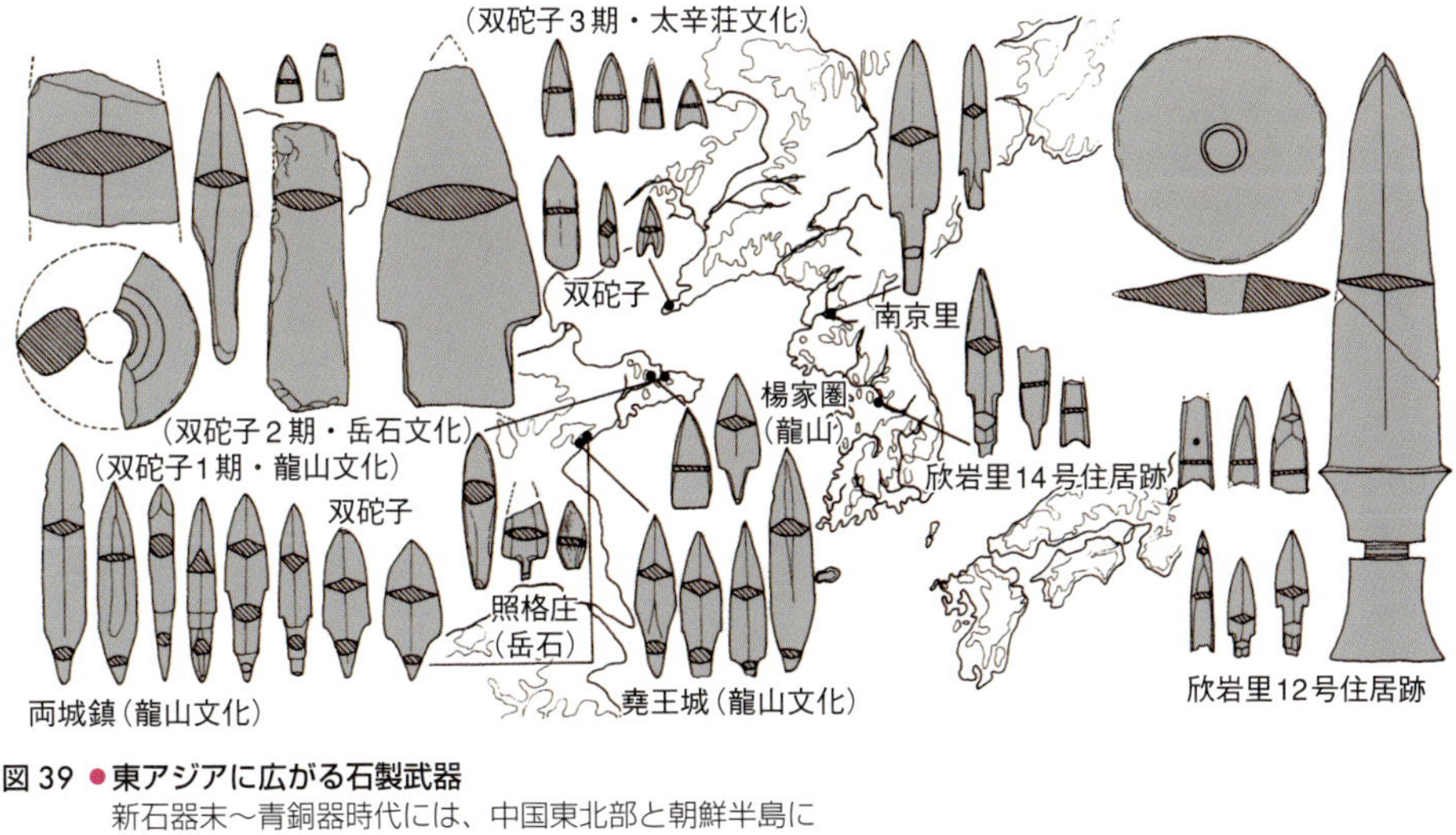

図 39 ● 東アジアに広がる石製武器
新石器末～青銅器時代には、中国東北部と朝鮮半島に広く石製武器類がみられる。

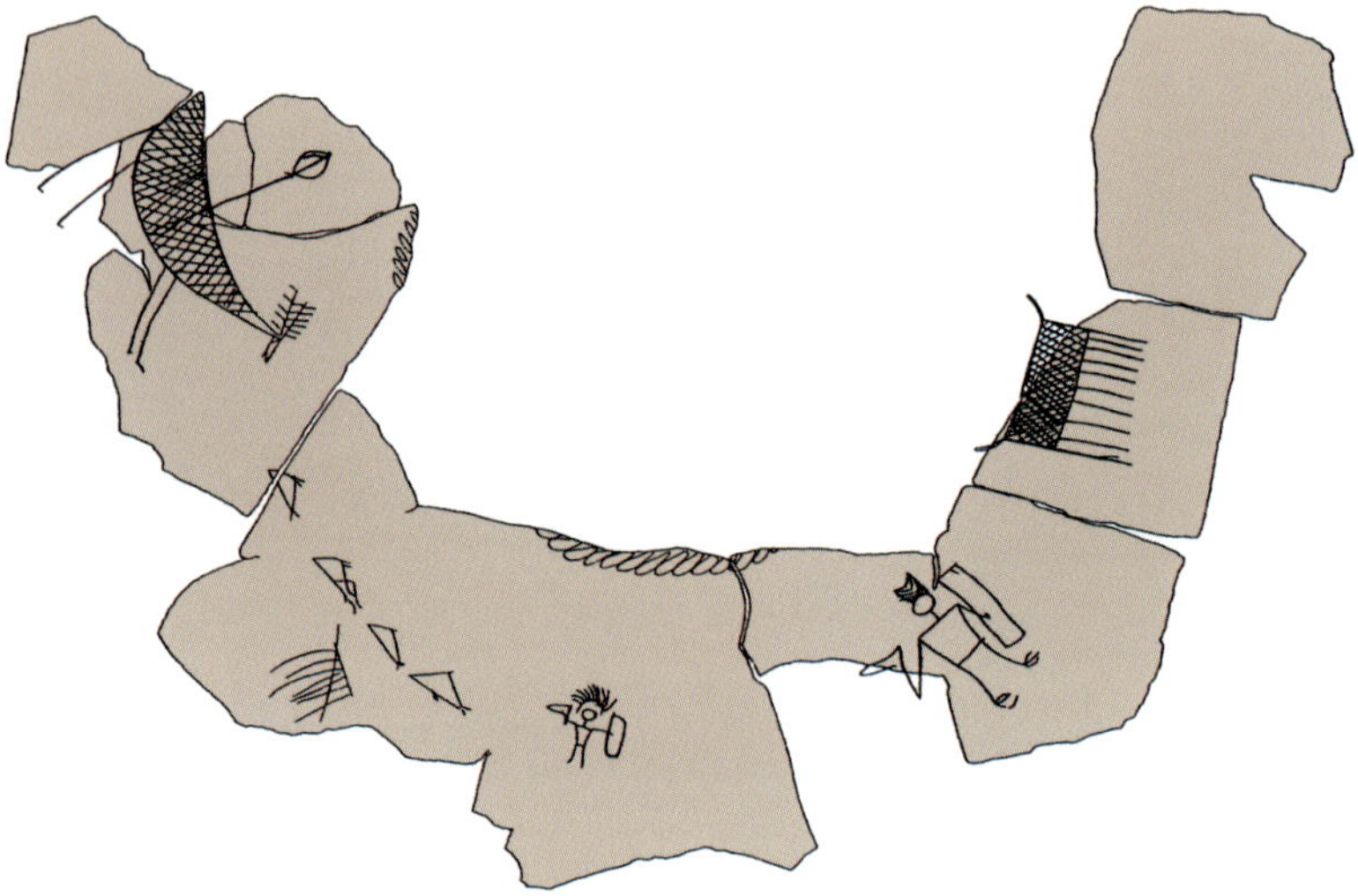

奈良県清水風遺跡出土絵画土器

佐賀県川寄吉原遺跡出土
銅鐸型土製品の絵画

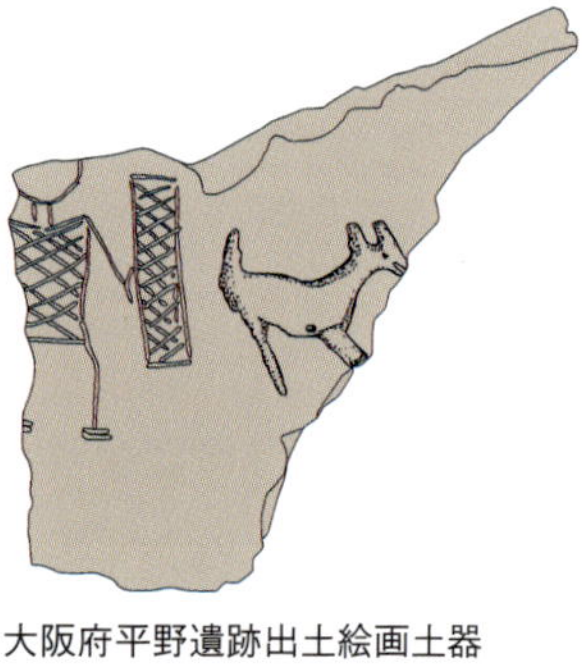

大阪府平野遺跡出土絵画土器

奈良県石上２号銅鐸の絵画

図 40 ● **弥生土器・土製品・銅鐸にみられる「盾と戈をもつ人」**
高床建物、鹿などとともに描かれることが多い。

が描かれる例はたいへん多い。おそらく、弥生時代の武器をもつ人物の姿には一定のパターンがあった。武装の型のようなものである。

このような「型」の存在はどの時代でも見出される。たとえば、日本の戦国時代の武将の戦《いくさ》の装束などは典型的なものであろう。実際の武装の詳細とは別に、そういった武装の「型」の提示が、一種の記号・シンボルとして、ある時代・文化やそのなかで「戦う人」を示す例は多くみられる。弥生時代においては「盾と戈をもつ人物」がそのシンボルであったと考えられる。

そのモチーフはどこからくるのだろう。そのことを考えるうえで重要な絵画資料が、中国の戦国時代の青銅器にある。図41に示したものは、その典型といえよう。ここで描かれている人物の多くは、腰に短剣を差し、片手に小型の盾を、もう一方の手に戟《げき》といわれる武器をもっている。この絵には、戦車などとともに多くの戦士が描かれ、実際に首を切られた人物が描かれるなど、中国の戦国時代の戦闘シーンが生々しくも描かれている。

ここに描かれた戦士の武装スタイルは、弥生絵画にパターン化された「盾と戈をもつ人物」とそっくりである。明らかに類似したモチーフが、中国大陸から日本列島にかけて展開したことがわかる。このような資料からみると、列島の武器をめぐる文化は、東アジア全体の「戦い・武装の進

図41 ● 中国河南省汲県山彪鎮１号墓出土青銅器「水陸攻戦紋鑑」絵画
盾と武器をもつ人びとが激しく戦っている。

展」のなかで考えなければならない。

しかし、一方では、土器絵画・銅鐸絵画に描かれる日本列島の「盾と戈をもつ人物」は、戦闘シーンではなく、シカや高床建物とともに描かれる。中国戦国期の武装人と弥生の武装人は装備については類似するけれども、描かれる背景はまったく異なり、後者は平和な風景のなかにある。ここに、日本列島における武装者の位置づけは、実際の戦闘者というよりも、シンボルとしての武器を手にする人物だったといえよう。

紀元前四～一世紀の東アジアの「戦い」

こういった東アジア全体での「戦争」「戦闘」の痕跡をトレースするうえで重要なのは、弥生時代の年代観である。放射性炭素年代分析を用い、さらにそれを暦年代に較正する分析を進める近年の国立歴史民俗博物館の研究では、弥生時代中期が中国の戦国期にまでさかのぼる可能性が示唆されている。

また、庄田慎矢氏の研究によると、朝鮮半島での銅剣研究をふまえると、弥生時代中期の開始期は紀元前四～五世紀と考えられるという。つまり、列島各地で石製武器が確立し地域性をもった武器が増加してくる時期は、中国の戦国時代に併行する時期からはじまるといえる。とすると、大陸で武器の発達とともに戦乱がくり返されていた状況は、同時代における半島や日本列島に間接的にせよ文化的影響を与えていたことになる。

人骨が語る弥生の戦い

　また、この時期には、北部九州の甕棺墓や近畿地方の方形周溝墓・木棺《もっかん》墓の埋葬人骨のなかに、石剣の切先や石鏃が打ち込まれた例が多くみられる。このような殺傷人骨の類例は、北部九州と近畿で弥生前期末中期前半のものが多くみられる（図42）。これも、「倭国乱」に先行する紀元前の段階で、戦いによる死者が多く生まれていたことを示している。

　このような石剣や石鏃をともなう埋葬人骨については、それらが武器の副葬ではないかという見解もあるが、中川和哉氏は近畿地方の人骨にともなう石鏃の破損状態から人体に矢が射込まれた可能性が高いと分析しており、戦闘行為などの帰結として殺傷人骨をとらえること自体には問題はなさそうである。

　このような殺傷人骨に関しては、藤原哲氏が詳細な分析をおこなった結果、背後からの攻撃

図 42 ● **埋葬された殺傷人骨（兵庫県神戸市の新方遺跡）**
弥生前期末の木棺墓（左）には、埋葬人骨の胸部を中心に、
17 個もの石鏃（右）がみつかった。

や複数の攻撃者にとりかこまれた状態での戦闘による死の例が多いことを明確に示されている。つまり、実際の戦闘行為においては、奇襲・待ち伏せによる死者が圧倒的多数を占める。それは大規模な集団戦をおこなった大陸の戦争の状態とはまったく異なる。小規模な戦闘行為が散発した状況こそ、弥生の戦いの特徴と考えられるのである。

このように、弥生前期末〜中期という紀元前四〜一世紀の東アジアには、広く「戦闘」をモチーフとした文物が広がり、日本列島もその文化の一部であった。しかし、実際の戦闘の内容には、大陸と列島の間には大きなちがいがあったようだ。

2 高地性集落の実像

近畿中央部の経済システムの確立

では、このような小規模な「戦《いくさ》」の頻発状況は、どういった社会状況のもとで発生するのだろうか。大規模遺跡が多くみられる弥生時代中期には、近畿地方においては石器石材に広範な流通システムがあったことが知られている。

酒井龍一氏は、石庖丁の素材について、京都盆地・淀川水系・六甲山南麓地域を中心に粘板岩とよばれる石材が利用され、大阪平野中・南部や奈良盆地においては緑泥片岩とよばれる石材が利用されることを指摘した。また、打製石器石材には二上山産出のサヌカイトが広く近畿地方中部で用いられていることは知られている。

この現象をもとに酒井氏は、石器石材をはじめとする物資流通が約五キロごとに所在する拠点集落（筆者のいう複合型集落）間のネットワークを機軸に、畿内各地に流通すると指摘した。すなわち、中小規模の基礎集団が近接することにより、物資流通の核となる地点（複合型集落）が形成されて、近畿地方中部全体の経済システムが確立していたと考えられる。言い換えれば、中・小集団の結びつきの連鎖として、社会全体の仕組みが成立していたと考えられるのである。しかも先にみたように、そういった集落形態の分布形態は小地域ごとに異なっていて、集団の結びつき方にはさまざまなパターンがあったと考えたほうがよさそうである。

集落分布と石材流通から描き出されるこういった近畿地方の弥生社会像は、発達した経済システムが、特定の強大な権力によってコントロールされている状況ではなく、中小集団の連鎖の帰結として成立していることが特徴である。ということは、こういった経済システムにトラブルがあった場合には、流通をめぐる局所的な諍《いさか》いは起こりうるものの、大地域の人間集団同士の組織的対立が生じる可能性はきわめて低かったと考えられる。発達した相互依存型の弥生時代中期の経済システムにおいて、そのほころびはトラブルに結びつくが、大規模な政治的な動き、つまり「乱」にはつながりにくいのではないか。

小規模な「戦」と社会関係の拡大

一方、後期になると、丘陵上にも複合型集落がつくられ、小地域による地域社会のちがいは少なくなる。以前は弥生時代後期において石器が消滅し、完全な鉄器社会への移行がはたされるという社会流通構造の変化が「乱」をもたらしたという考え方が喧伝された。しかし、近年の研究では、石器の減少はみられるものの、鉄器の生産・消費が飛躍的に拡大した状況は明確にはない。また観音寺山遺跡では実際に多くのサヌカイト製石鏃がみられる。流通の変化は徐々に進行しているとみるべきだろう。

このように考えると、流通社会の劇的な変化にともなう「乱」の発生という図式は描きにくい。しかも、武器や殺傷人骨でみるかぎり、武装や小規模な戦そのものは中期からみられる。では、観音寺山遺跡にみられるような、近畿地方における弥生時代後期の高地性集落の増加は何を背景に生まれるのだろうか。

この問題を考えるうえでは、典型的な環濠を形成したり、極端な高所に位置する高地性集落以外にも、弥生時代後期には多くの集落が丘陵・段丘上に展開しはじめることが重要な要素であろう。弥生時代中期にみられる複合型集落を核とする複雑化した小地域社会がさまざまな立地環境に展開するようになることが、「高地性集落」増加の背景として重要である。

このように中小規模の集団の結びつきが拡大する状況のもとでさまざまな立地の集落が生まれていく。これは、社会関係が大きく広がっていく状況を示している。このことが「高地性集落」増加の背景として重要だろう。

つまりは、小規模な「戦」の起こりうる範囲が広がることが、いわゆる「高地性集落」増加の背景であり、その一例として、観音寺山遺跡が成立・展開したのである。そのため、集落形成当初は環濠を設けるなどの軍事的要素をもっていたが、その後、社会的緊張を反映する要素をもたなくなっても、地域社会の核としての集落の役割をはたしつづけた。

つまり、観音寺山集落を、単純な一時的・政治的な「乱」の反映としてみるべきではない。小規模な「戦」を生み出しうる弥生社会の性質と、社会関係が拡大していった要素の両方を反映した、人の「住み方」の一例としてとらえるべきである。

3　遺跡から社会を考える

ここまで、観音寺山遺跡を素材としながら弥生時代の高地性集落の実像について論じてきた。遺跡や集落跡とは、「土器」「石器」「青銅器」といった素材や製作手法によって類別できる考古資料ではない。それは、竪穴住居だけでなく柱穴の組み合わせとして認識できる掘立柱建物、一部は壕とも解釈できるさまざまな溝、井戸やごみ穴と考えられる土坑などといったさまざまな種類の考古資料の「集合体」である。

つまり、集落遺跡の研究・評価とは、遺物を扱う考古資料の分析とはまったく異なっている。対象自体が複合物であり、さまざまな分野の研究の総合によってしかアプローチできない。その結果、本書のように弥生時代の戦乱や社会集団・経済の枠組みという広い分野に言及することとなった。

その結果、「高地性集落」増加の背景として特定の政治的動乱をみることではなく、西暦一〜二世紀の間の長い弥生時代後期の社会の変化を重視することの必要性を指摘した。

これまでは、特定の事件の叙述を重んじる論調が、遺跡や資料の実態から逸脱して「想念」を考古学に投影することにつながりがちであった。たとえば、古墳前期に多量の副葬品（たとえば銅鏡など）をもつ古墳がみつかれば邪馬台国論争と結びつけてみたり、古墳時代初頭に奈良盆地南東部で大型建物がみつかればそれを「卑弥呼の館」とする論調などがそうだ。このような「新聞記事のための考古学」が世の中に存在することは罪ではないが、考古学者として社会に責任ある態度とは程遠い世界だと思う。

冒頭に記したように、筆者は学生時代からこの遺跡の出土遺物にかかわりをもってきた。その立場から、観音寺山遺跡をそのように「消費される」考古資料にはしたくない。その思いから、本書のような内容を示すことになった。倭国乱から遺跡を考えるのではなく、遺跡からその時代・社会の実態を復元する試みとして本書を読んでいただければ、本望である。

末筆ながら、観音寺山遺跡調査についてさまざまにご教示くださった辰巳和弘氏に感謝申し上げたい。

本書の校正作業中の二〇一三年八月六日、観音寺山遺跡調査の中心であった森浩一先生がご逝去された。筆者にとっては考古学を学んだ恩師である。万感の思いをこめて、本書を森先生のご霊前に捧げる。

参考文献

東　潮　一九九六「朝鮮戦争の戦いの始まり」『倭国乱る』朝日新聞社
石野博信　一九七三「三世紀の高城と水城」『古代学研究』九一
伊藤　実　一九九一「瀬戸内の環濠集落と高地性集落」『古文化論叢』児島隆人先生喜寿記念事業会
乾　哲也編　一九九九『よみがえる弥生都市と神殿』批評社
観音寺山遺跡発掘調査団　一九六八『観音寺山弥生集落調査概報』
酒井龍一　一九七四「石庖丁の生産と消費をめぐる二つのモデル」『考古学研究』二一巻第二号
酒井龍一　一九八二「畿内大社会の理論的様相」『亀井遺跡』㈶大阪文化財センター
佐原　眞他　一九六四『紫雲出』詫間町教育委員会
柴田昌児　二〇〇四「高地性集落と山住みの集落」『考古資料大観一〇　弥生・古墳遺跡遺構』小学館
庄田慎矢　二〇〇五「比來洞銅剣の位置と弥生暦年代論」（上）（下）『古代』第一一七・一一八号
杉本厚典　二〇〇三「八尾南・長原・城山遺跡における集落構成の変化」『大阪歴史博物館研究紀要』第二号
高槻市教育委員会　一九九五『古曽部・芝谷遺跡』
都出比呂志　一九七四「古墳出現前夜の集団関係」『考古学研究』二〇巻第四号
都出比呂志　一九九七「都市の形成と戦争」『考古学研究』第四四巻第二号
寺沢　薫　一九七四「大和の高地性集落」『青陵』三六
寺沢　薫　二〇〇〇『王権誕生』講談社
寺前直人　二〇一〇『武器と弥生社会』大阪大学出版会
豊岡卓之　一九八五「「畿内」第五様式暦年代の試み（上）（下）」『古代学研究』一〇八・一〇九
中川和哉　一九九九「弥生時代の石製武器出土埋葬主体部」『考古学に学ぶ』同志社考古学シリーズ刊行会
藤尾慎一郎他　二〇〇四『弥生時代の実年代』学生社
藤田道子　一九九六「まとめ―高地性集落としての寛弘寺遺跡―」『寛弘寺遺跡発掘調査概要V』大阪府教育委員会
藤原　哲　二〇〇四「弥生時代の戦闘戦術」『日本考古学』第一八号

松山聡・飯野公子・溝川陽子　一九九三「第Ⅳ章第三節石器」『河内平野遺跡群の動態Ⅵ』（財）大阪文化財センター
三好孝一　一九九九「河内湖周辺部における弥生中・後期の集落」『弥生時代の集落―中・後期を中心として―発表要旨集』埋蔵文化財研究会
村川行弘他　一九八五『会下山遺跡』芦屋市教育委員会
村田幸子　一九九八「「打製石剣」―大型尖頭器―の成立をめぐる問題」『みずほ』
森岡秀人　一九八四「大阪湾沿岸の弥生土器の編年と年代」『高地性集落と倭国大乱』雄山閣
森岡秀人　一九八六「高地性集落」『弥生文化の研究七　弥生集落』雄山閣出版
若林邦彦　二〇〇一「弥生時代大規模集落の評価―大阪平野の弥生時代中期遺跡群を中心に―」『日本考古学』一二号
若林邦彦　二〇〇三「近畿地方」『考古資料大観一　土器Ⅰ』小学館

写真提供（撮影）

図2（下）：梅原章一、図3：読売新聞社、図8：吉田広、図27：公益財団法人横浜市ふるさと歴史財団埋蔵文化財センター、図28：高槻市教育委員会、図37：福岡市博物館、図42：神戸市教育委員会

右記以外は同志社大学歴史資料館

図版出典（一部改変）

図1：国土地理院20万分の1地勢図「京都及大阪」「和歌山」、図6：『大阪府和泉市観音寺山遺跡発掘調査報告書』同志社大学歴史資料館、図9：佐原眞他一九六四『紫雲出』、図10：村川行弘他一九八五『会下山遺跡』、図11：伊藤実一九九一「瀬戸内の環濠集落と高地性集落」『古文化論叢』、図12・13：柴田昌児二〇〇四「高地性集落と山住みの集落」『考古資料大観一〇　弥生・古墳遺跡遺構』、図23：松山聡・飯野公子・溝川陽子一九九三「第Ⅳ章第三節石器」『河内平野遺跡群の動態Ⅵ』、図25：若林邦彦二〇〇二「観音寺山遺跡の変遷と構造」『同志社大学歴史資料館館報』第五号、図29：国土地理院5万分の1地形図「大阪西南部」「岸和田」、図35：高槻市教育委員会一九九五『古曽部・芝谷遺跡』、図36：藤田道子一九九六「まとめ―高地性集落としての寛弘寺遺跡―」『寛弘寺遺跡発掘調査概要Ⅴ』、図39：東潮一九九六「朝鮮戦争の戦いの始まり」『倭国乱る』、図40：大阪府立弥生文化博物館『稲作とともに伝わった武器』、図41：高明一九六二「略論汲県山彪鎮一号墓的年代」『考古』第四期

右記以外は著者

同志社大学歴史資料館

・京都府京田辺市多々羅都谷1―3　同志社大学京田辺キャンパス内
・電話　0774（65）7255
・開館時間　10：00～11：30、12：30～16：00／入館料　無料
・休館日　土・日曜、祝日、夏期・冬期休暇
・交通　JR学研都市線同志社前駅下車、徒歩約10分

同志社大学考古学資料室・文学部等の発掘調査資料を収蔵・展示。観音寺山遺跡出土品も展示している。

同志社大学歴史資料館

刊行にあたって

「遺跡には感動がある」。これが本企画のキーワードです。

あらためていうまでもなく、専門の研究者にとっては遺跡の発掘こそ考古学の基礎をなす基本的な手段です。また、はじめて考古学を学ぶ若い学生や一般の人びとにとって「遺跡は教室」です。

日本考古学では、もうかなり長期間にわたって、発掘・発見ブームが続いています。そして、毎年厖大な数の発掘調査報告書が、主として開発のための事前発掘を担当する埋蔵文化財行政機関や地方自治体などによって刊行されています。そこには専門研究者でさえ完全には把握できないほどの情報や記録が満ちあふれています。しかし、その遺跡の発掘によってどんな学問的成果が得られたのか、その遺跡やそこから出た文化財が古い時代の歴史を知るためにいかなる意義をもつのかなどといった点を、莫大な記述・記録の中から読みとることははなはだ困難です。ましてや、考古学に関心をもつ一般の社会人にとっては、刊行部数が少なく、数があっても高価なその報告書を手にすることすら、ほとんど困難といってよい状況です。

いま日本考古学は過多ともいえる資料と情報量の中で、考古学とはどんな学問か、また遺跡の発掘から何を求め、何を明らかにすべきかといった「哲学」と「指針」が必要な時期にいたっていると認識します。

本企画は「遺跡には感動がある」をキーワードとして、発掘の原点から考古学の本質を問い続ける試みとして、日本考古学が存続する限り、永く継続すべき企画と決意しています。いまや、考古学にすべての人びととの感動を引きつけることが、日本考古学の存立基盤を固めるために、欠かせない努力目標の一つです。必ずや研究者のみならず、多くの市民の共感をいただけるものと信じて疑いません。

監　修　戸沢　充則

編集委員　勅使河原彰　小野　昭
小野　正敏　石川日出志
小澤　毅　佐々木憲一

著者紹介

若林邦彦（わかばやし　くにひこ）

1967年、大阪府生まれ。
同志社大学大学院文学研究科博士課程前期修了
現在、同志社大学歴史資料館准教授
専門　弥生時代、土器・集落
主な著作　「弥生時代大規模集落の評価」『日本考古学』第12号（日本考古学協会）、「集落と集団2—近畿」『弥生時代の考古学8　集落からよむ弥生社会』（同成社）、「近畿地方」『考古資料大観1　弥生・古墳時代土器1』（小学館）ほか

シリーズ「遺跡を学ぶ」091
「倭国乱《わこくらん》」と高地性集落論・観音寺山《かんのんじやま》遺跡

2013年10月10日　第1版第1刷発行

著　者＝若林邦彦
発行者＝株式会社 新 泉 社
東京都文京区本郷2-5-12
振替・00170-4-160936番　TEL03(3815)1662／FAX03(3815)1422
印刷／萩原印刷　製本／榎本製本

ISBN978-4-7877-1331-5　C1021

シリーズ「遺跡を学ぶ」

A5判／96頁／定価各1500円＋税

第Ⅰ期（全31冊完結・セット函入46500円＋税）

01 北辺の海の民・モヨロ貝塚　米村衛
02 天下布武の城・安土城　木戸雅寿
03 古墳時代の地域社会復元・三ッ寺Ⅰ遺跡　若狭徹
04 原始集落を掘る・尖石遺跡　勅使河原彰
05 世界をリードした磁器窯・肥前窯　大橋康二
06 五千年におよぶムラ・平出遺跡　小林康男
07 豊饒の海の縄文文化・曽畑貝塚　木﨑康弘
08 未盗掘石室の発見・雪野山古墳　佐々木憲一
09 氷河期を生き抜いた狩人・矢出川遺跡　堤隆
10 描かれた黄泉の世界・王塚古墳　柳沢一男
11 江戸のミクロコスモス・加賀藩江戸屋敷　追川吉生
12 北の黒曜石の道・白滝遺跡群　木村英明
13 古代祭祀とシルクロードの終着地・沖ノ島　弓場紀知
14 黒潮を渡った黒曜石・見高段間遺跡　池谷信之
15 縄文のイエとムラの風景・御所野遺跡　高田和徳
16 鉄剣銘一一五文字の謎に迫る・埼玉古墳群　高橋一夫
17 石にこめた縄文人の祈り・大湯環状列石　秋元信夫
18 土器製塩の島・喜兵衛島製塩遺跡と古墳　近藤義郎
19 縄文の社会構造をのぞく・姥山貝塚　堀越正行
20 大仏造立の都・紫香楽宮　小笠原好彦
21 律令国家の対蝦夷政策・相馬の製鉄遺跡群　飯村均
22 筑紫政権からヤマト政権へ・豊前石塚山古墳　長嶺正秀
23 弥生実年代と都市論のゆくえ・池上曽根遺跡　秋山浩三
24 最古の王墓・吉武高木遺跡　常松幹雄
25 石槍革命・八風山遺跡群　須藤隆司
26 大和葛城の大古墳群・馬見古墳群　河上邦彦
27 南九州に栄えた縄文文化・上野原遺跡　新東晃一
28 泉北丘陵に広がる須恵器窯・陶邑遺跡群　中村浩
29 東北古墳研究の原点・会津大塚山古墳　辻秀人
30 赤城山麓の三万年前のムラ・下触牛伏遺跡　小菅将夫
別01 黒耀石の原産地を探る・鷹山遺跡群　黒耀石体験ミュージアム

第Ⅱ期（全20冊完結・セット函入30000円＋税）

31 日本考古学の原点・大森貝塚　加藤緑
32 斑鳩に眠る二人の貴公子・藤ノ木古墳　前園実知雄
33 聖なる水の祀りと古代王権・天白磐座遺跡　辰巳和弘
34 吉備の弥生大首長墓・楯築弥生墳丘墓　福本明
35 最初の巨大古墳・箸墓古墳　清水眞一
36 中国山地の縄文文化・帝釈峡遺跡群　河瀬正利
37 縄文文化の起源をさぐる・小瀬ヶ沢・室谷洞窟　小熊博史
38 世界航路へ誘う港市・長崎・平戸　川口洋平
39 武田軍団を支えた甲州金・湯之奥金山　谷口一夫
40 中世瀬戸内の港町・草戸千軒町遺跡　鈴木康之
41 松島湾の縄文カレンダー・里浜貝塚　会田容弘
42 地域考古学の原点・月の輪古墳　近藤義郎・中村常定
43 天下統一の城・大坂城　中村博司
44 東山道の峠の祭祀・神坂峠遺跡　市澤英利
45 霞ヶ浦の縄文景観・陸平貝塚　中村哲也
46 律令体制を支えた地方官衙・弥勒寺遺跡群　田中弘志
47 戦争遺跡の発掘・陸軍前橋飛行場　菊池実
48 最古の農村・板付遺跡　山崎純男
49 ヤマトの王墓・桜井茶臼山古墳・メスリ山古墳　千賀久
50 「弥生時代」の発見・弥生町遺跡　石川日出志

第Ⅲ期（全26冊完結・セット函入39000円＋税）

51 邪馬台国の候補地・纒向遺跡　石野博信
52 鎮護国家の大伽藍・武蔵国分寺　福田信夫
53 古代出雲の原像をさぐる・加茂岩倉遺跡　田中義昭
54 縄文人を描いた土器・和台遺跡　新井達哉
55 古墳時代のシンボル・仁徳陵古墳　一瀬和夫
56 大友宗麟の戦国都市・豊後府内　玉永光洋・坂本嘉弘
57 東京下町に眠る戦国の城・葛西城　谷口榮
58 伊勢神宮に仕える皇女・斎宮跡　駒田利治
59 武蔵野に残る旧石器人の足跡・砂川遺跡　野口淳
60 南国土佐から問う弥生時代像・田村遺跡　出原恵三
61 中世日本最大の貿易都市・博多遺跡群　大庭康時
62 縄文の漆の里・下宅部遺跡　千葉敏朗
63 東国大豪族の威勢・大室古墳群〔群馬〕　前原豊
64 新しい旧石器研究の出発点・野川遺跡　小田静夫
65 旧石器人の遊動と植民・恩原遺跡群　稲田孝司
66 古代東北統治の拠点・多賀城　進藤秋輝
67 藤原仲麻呂がつくった壮麗な国庁・近江国府　平井美典
68 列島始原の人類に迫る熊本の石器・沈目遺跡　木﨑康弘
69 奈良時代からつづく信濃の村・吉田川西遺跡　原明芳
70 縄紋文化のはじまり・上黒岩岩陰遺跡　小林謙一
71 国宝土偶「縄文ビーナス」の誕生・棚畑遺跡　鵜飼幸雄
72 鎌倉幕府草創の地・伊豆韮山の中世遺跡群　池谷初恵
73 東日本最大級の埴輪工房・生出塚埴輪窯　高田大輔
74 北の縄文人の祭儀場・キウス周堤墓群　大谷敏三
75 浅間山大噴火の爪痕・天明三年浅間災害遺跡　関俊明
別02 ビジュアル版 旧石器時代ガイドブック　堤隆

第Ⅳ期　好評刊行中

76 遠の朝廷・大宰府　杉原敏之
77 よみがえる大王墓・今城塚古墳　森田克行
78 信州の縄文早期の世界・栃原岩陰遺跡　藤森英二
79 葛城の王都・南郷遺跡群　坂靖・青柳泰介
80 房総の縄文大貝塚・西広貝塚　忍澤成視
81 前期古墳解明への道標・紫金山古墳　阪口英毅
82 古代東国仏教の中心寺院・下野薬師寺　須田勉
83 北の縄文鉱山・上岩川遺跡群　吉川耕太郎
84 斉明天皇の石湯行宮か・久米官衙遺跡群　橋本雄一
85 奇異荘厳の白鳳寺院・山田寺　箱崎和久
86 京都盆地の縄文世界・北白川遺跡群　千葉豊
87 北陸の縄文世界・御経塚遺跡　布尾和史
88 東西弥生文化の結節点・朝日遺跡　原田幹
89 狩猟採集民のコスモロジー・神子柴遺跡　堤隆
90 銀鉱山王国・石見銀山　遠藤浩巳
91 「倭国乱」と高地性集落論・観音寺山遺跡　若林邦彦
別03 ビジュアル版 縄文時代ガイドブック　勅使河原彰